大展好書 ✕ 好書大展

親子系列

4

終身受用的
學習秘訣

小宮山博仁／著

李　芳黛／譯

大展出版社有限公司

前　言

今日，早期教育盛行。而且至小學低年級階段，親子一起學習的家庭也相當多。身為父母親的，總是希望小孩的智能提升，培育出聰明的小孩。大家都知道，幼兒期至小學階段，是人格形成上最重要的時期。

但是，對於幼兒至小學低年級，亦即 5 歲至 10 歲的孩子，該給予什麼樣的刺激？該採取什麼樣的育兒方法呢？我想一定很多父母親深感困惑。基於協助這些父母親的立場，我寫了這本書，希望成為各位的教育指針。

首先，我們先給即使出了社會仍然有用，亦即一輩子有用的能力是什麼下個定義。假使只有智商指數（IQ）高，但不會將相關知識串連，或者根本不會利用，就一點用處也沒有了。

IQ 有必要透過生活體驗加以提升，但即使提升 IQ 後，卻缺乏一顆體貼對方心情的心，或缺乏協調性，便會被社會上的人排斥。

體貼對方心情的心，我們用 EQ 來表示。我認為，EQ 提升後，IQ 也會跟著提升，當 IQ 與 EQ 充分取得平衡時，就具備了真正的學力（能力），這正是

本書所強調的。

　　真正的學力以 RI（Real Intelligence）代表，我們可以想成 IQ＋EQ＝RI。光是提升 IQ，無法使 RI 進步；光是提升 EQ，也不能使 RI 進步。

　　第 II 章是去年三月之前，連載於「每日兒童日報」中的內容。

　　第 III 章則教示提升語言能力的具體方法。

　　第 IV 章教示提高理論思考力的數學學習法。盡量從幼兒時期開始，就養成將抽象的數字與具體實物連結的思考習慣，這才是主要的目標。

　　期盼各位讀者活用本書，進行愉快的親子學習。

　　　　　　　　　　　　　　　　小宮山博仁

目　　錄

第Ⅲ章　提高語言能力的親子學習
提升 RI 的方法①

第IV章　數學的親子學習
伸展 RI 的方法②

第 I 章

培育真正的能力 R I

▼①　何謂RＩ學習革命

　　說到能力，也許很多人的想法是受學校學業成績好壞所左右，一定也有人很自然地想到智商指數（IQ）。將人的能力與學力畫上等號的父母必定不少。本書並非將人的能力限定在學校學習之事，而是出社會後通用，在社會上有用的能力。在社會上有用這句話，或許也可以說成是對他人有用。

　　本書認為在考試時有用的能力、學力，為狹義的能力，稱為 IQ（Intelligence Quotient）。另外，能夠體貼對方心情之廣義的心的能力，亦即在社會上能通用之心的能力，稱為 EQ。

　　EQ 一詞並非取自達尼爾・高曼的著書『EQ 內心智商指數』。（EQ 一詞並非高曼先生首創，而是『TIME』雜誌首先使用，並且於譯者的後記當中出現。）在此，更提倡IQ＋EQ＝RI 這個新的等式。

　　RI 是 Real Intelligence 的縮寫，譯為真正的能力。換言之，IQ 再加上 EQ，即代表出了社會之後，依然擁有真正有用的能力，而本書即稱此真正的能力為 RI。RI 越高，不僅越能從事對於社會有貢獻的工作，在社會上成功的機率也更高。

　　我經常在各地主張「培養真正的學力」。這裡所

謂的「真正的學力」，是指即使考完試後，學習意慾仍然持續，即使成爲社會人後，仍然有用的學力。只在意考試結果的人，就算在學校取得好成績，也幾乎都只是表面的學力而已。

另一方面，對任何事物常存疑問，好奇心旺盛的孩子，具備真正學力的機率也高。經常問「爲什麼？」的孩子，在詢問的同時，已經處於「希望了解什麼」的主動狀態當中。若能養成這種積極、專心的讀書習慣，則不但注意力集中，還能自己設定目標，並且不斷湧出向目標挑戰的能源。

出社會後仍然有用的能力，並非只靠在學校中學習到的知識就足夠了。請各位有個共識，除了善解人意之外，若能歡喜地持續學習（也許說成使用頭腦更妥當），那麼獲得真正能力 RI 的可能性越高。什麼是在社會上有用的能力呢？我想可以這麼定義——當新問題產生時，能夠以過去的知識、經驗爲依據，推測如何處理最好的能力。兼具創造力與想像力的人，可以說正是擁有真正的能力 RI 的人。

以前日本大量生產耐久消費財（TV、冷氣、錄放影機等等），藉著出口使經濟繁榮。但現在，製造的工作漸漸轉移至東南亞等工資低廉的國家。現在在日本，與其擁有大量生產工廠，不如擁有研究部門及管理部門。這些現象用經濟術語來說，即稱爲產業空洞化。此外，隨著電腦的發展，整體經濟社會提供服務比重，大於製造的比重。此稱爲經濟柔

軟化或經濟服務化。

　　社會演進至此，企業需求的人才也改變了。勤勉、上司怎麼說就怎麼做，是過去上班族的形象。只要肯出力，再加上畢業於稍有名氣的大學，則保證這一生平安工作到退休。然而，現在越來越不需要只會付出力氣的人才了。

　　21 世紀要求的人才是，會做創造性的工作，即使不靠勞力也能完成工作，有自己解決能力的人。若不具備真正的能力 RI，則在今後的社會當中，即使是出身有名大學的高材生，在投入大企業數年之後，也必定會被淘汰出局。

　　今後的社會，出身有名大學的 IQ 高材生，未必一定成功。一般企業年功俸的制度，從 1990 年起已經不同了。IQ 高的人在社會上的成功率，比以前低得多。當然，過去也有 IQ 高的人，在社會卻地位低的例子，但為數極少。但今後不同了，社會演變成美國型講求實力的社會，並非在校成績好、學歷佳，即能從事社會上認同的工作。往後，真正能力 RI 的培育，亦即真正學力的伸展，越來越重要了。

RI 的重點

- ▶ 未來社會通用的能力是 IQ+EQ=RI
- ▶ 未來育兒非得重視 RI(Real Intellingence)的培育不可。

2 從地位社會到工作社會

　　過去，我們是屬於地位社會(Status Society)，也可說是重視地位、學歷甚於能力、人格的社會。當我們看見一般人往往問對方畢業於哪一所大學，而不去問對方在大學中學些什麼的時候，就可以了解到這種在意地位的民族性。

　　從考試競爭意識激烈化的情形來看，很明顯就可以看出，為了要獲得地位象徵，而用功讀書準備考試的莘莘學子何其多啊！

　　另一方面，希望自己的小孩這麼做的父母更多。但如前所述，當今經濟社會出現激烈的變化，即使出身有名的大學，連課長也當不上的上班族，以大企業為中心，有增加的趨勢。即使畢業於一流學府的大學，在企業中卻無法獲得高地位，這項事實仍然有許多人尚未注意到。

　　出社會後沒有工作過的教育媽媽，以及缺乏在企業最前線工作的政治家、醫生、成功藝人（含運動選手）等等，從經濟面看來屬於上流階段的教育爸爸，似乎依舊認為大學為地位之一。

　　不可否認，企業的確變化了。尤其像大都市銀行或公司這種菁英匯集之處，一流大學畢業證書已

經不能與地位畫上等號。

在這些企業當中，是否能成功？是否能獲得社會地位？最重要的就是看你會做什麼樣的工作。不要忘了時代進化的腳步，現在是依照你會做什麼工作（job）而評價的社會。

21 世紀的社會，大企業不再以某某大學畢業的標準用人，○○大學畢業的名號，沒辦法讓你和其他企業交流。今後應該是重視擁有什麼資格，會做什麼樣的工作（job），具備什麼能力的能力主義社會。

這種以工作為中心的社會，稱為工作社會（依工作而評價的社會），與過去的學歷社會完全不同。不論大學或社會，隨著光聽名稱即決定地位的時代之結束，現在變成重視你在大學中學到些什麼。這種社會狀況的變化，教育社會學稱為「從地位社會到工作社會」。

既然社會從地位社會演變為工作社會，大學當然也會變化為以資格制度為中心。一心想讓自己的小孩上明星大學的熱心教育媽媽們，事實上，這種認識已經落伍了 10 年以上。10 年後、15 年後，○○大學的畢業證書已經不能象徵地位，只不過是一份普通文件罷了。

為了以後在社會上能過著充實的生活，更為了能在社會上獲得成功，必須具備什麼能力呢？在此先簡單敘述。

很明顯的，21 世紀的育兒方法，非得認真思考如何培養出社會後仍然有用的真正的能力不可。真正的能力不僅知識指標的 IQ 要高，加上情緒（情動）安定指標的 EQ 後，所得到的 RI 能力，才是最受重視的。

　　要豐富這種情緒性的內心指數，不用說，幼兒及兒童期相當重要。今後不要只一心一意提升 IQ，也要努力提升 EQ，使 RI 往上攀升。

R I 的重點

▶ 21 世紀的社會，從地位社會變化為工作社會。並且更是個資格社會。

▼3 IQ與EQ的關係

　　關心教育的人，對於提高智商指數（IQ）表現出極高的關心度。但即使 IQ 超過 150，也不能保證一定能在社會上成功，或在企業內獲得崇高的地位。即使有名的大學畢業，只當小職員的人也很多。反之，在校成績平平，出社會後發揮潛能，業績直往上衝的，也大有人在。

　　為什麼出現這種情形呢？我們得先從 IQ 與 EQ 的關係談起，再進入主題。

　　IQ 測驗（智商測驗）所測定的，是你具備多少知識，具備何種程度的應用能力。這種測驗並無法正確判定出一個人具備的創造性及想像力。而且，IQ 是由「智能年齡（精神年齡）÷ 實際年齡（時間年齡）× 100」的式子導出，所以不可忘了相對的指數。由於 IQ 是表示頭腦的聰明程度，所以常有父母認為這是絕對不變的，但光看式子，就可以了解它是容易變動的。

　　因為 IQ 指數可說代表某人在同齡小孩當中，具備多少智能的數字，因此，在以考試為重的環境下，很自然就受父母們所重視。

　　為什麼呢？因為一直看數字立即了解自己小孩

比其他小孩優秀或差勁。而且，我們的考試題目，多半不講求創造力，而著重於讓考生將背誦的知識傾倒出來，或加以應用。

就算是需要創造性或推理力的數學及理科，幾乎也都是只要利用既存的知識即可解題。因此，IQ越高，考試成功的機會也越高。

因為不太需要創造力的考題多，所以IQ越高，考進有利就業的一流學府的機率也高。

由此看來，即使考進一流學府，但光具備考試學力，不具備真正學力，亦即RI（真正的能力）的學生，也大有人在。一旦考上之後，不懂「學習樂趣」，只具備考試學力的學生便喪失目標，盡情地遊玩、打工，這是可以理解的。

像這種學生，雖然IQ高，但精神卻不安定，缺乏感情表現；由於EQ低，所以幾乎看不出學習意慾。當然，在這種狀況之下，RI根本無法伸展了。

此外，現在的大學，只要讀了擔任教授的著書，幾乎都能過關，所以即使不喜歡讀書的學生，只要不是太糟糕，都可以畢業。

研究所另當所論，在大學裡，只要IQ高，則即使不懂「學習樂趣」的學生，也能順利畢業，並且在企業中就職，現實就是如此。為什麼呢？因為時至今日，大企業的就業考試，仍然以知識題目居多，所以還是IQ高的學生有利。

然而，從美國等地的研究報告得知，光是IQ高

的學生，即使進入企業工作，獲得高地位的可能性也很低。成功者不但必須具備 IQ 高的條件，還必須情緒安定，能夠體貼他人。關於這一點，在達尼爾・高曼先生的著書中有詳細的說明。

真正智商高的人、有能力的人，因為EQ高，所以當然RI也高，在社會上的成功率高自不待言。高曼先生主張：

「人的能力之所以有差別，在於包含自制、熱誠、忍耐、意慾等內心智商指數（=EQ）的差異。EQ是可經由教育獲得的。提高EQ之後，即可使小孩發揮出比與生俱來的IQ更優秀的能力。」

有關於 EQ 的能力，列舉如下：

①自信

能夠控制自己的身體、行動、周圍世界的感覺。自己一定會做得很好，大人們也必定助我一臂之力的感覺。（自己一定會做好的感覺。）

②好奇心

對於任何事物希望知道，愉快期待的感覺。（內心存有為什麼的疑問，與想知道什麼的期待，愉快地相連。）

③計畫性

希望對周圍產生影響，因此耐心努力，而且實際上有影響的能力。這也和對自己的能力充滿自信

有關。（訂計畫會形成對某個目標耐心努力的結果）
。

④自制心

具有用配合年齡的方法，調整控制自己行動的
能力，控制自己內在的能力（控制自己心情、感情
、行動的能力，缺乏此能力，則無法經營社會生活。）

⑤同伴意識

以自己了解他人，他人也了解自己的意識爲基
礎，與周圍互動的能力。（不但了解他人，他人也了
解自己，所以精神安定。）

⑥意思疏通能力

藉由語言與他人進行感情、思考、概念交流的
願望及能力。對於他人信賴感，或包含大人在內，
與人的互動關係。（爲了與他人的思想、心情互相溝
通，必須具備語言能力。藉由此能力信賴他人，並
受人信賴）。

⑦協調性

在團體行動中，維持自己的慾求與他人的慾求
平衡的能力。（爲了整個小組的行動，必須保持自己
的慾求與他人的慾求平衡。若缺乏協調性，出社會
後無法從事共同性的工作，會受到他人的低評價。）

EQ具備這七項要素，但請各位注意，我並非站在否定IQ的立場。畢竟IQ=知識，假使缺乏知識，則完全不可能活用前述之EQ七要素。

換言之，即使只有EQ高，IQ卻低，則這個人的能力無法充分活用。就算EQ高，但不懂百分比（比率或％），則在生活上會遇到許多阻礙。

總而言之，在缺乏知識的情況下，是無法活用（利用）EQ的。如此看來，小學生學習、讀書，可以說是提升EQ的基礎。同樣的，只有IQ高，而EQ低，也無法充分發揮能力。

了解 IQ 與 EQ 這層關係之後，便可好好著手培育孩子。用等號表示即為。

IQ+EQ=RI：真正的能力（學力）

過去專注於提升小孩 IQ 的教育父母非常多，希望今後也在提升 EQ、RI 方面多下工夫。

RI的重點

▶EQ 有七項要素，IQ+EQ=RI 的等式很重要。

▼4 不只增強IQ，也要增強EQ

一定有很多人認為，要增強 IQ，就得從幼兒時期讓小孩坐在書桌前讀書。

「5 歲以前不刺激小孩的頭腦，就太遲了。腦容量的 90%以上在 5 歲前已經決定，應該儘早讓小孩用功，提升IQ。」

早期教育的教室中，這種標語非常醒目。但只要能有條不紊地與他人交談，而且生活體驗豐富，則一點也不用太焦急。IQ 因為學習意慾的有無，變化程度相當大。

在生涯學習持續的狀況下，不但 IQ 得以延伸，還可維持高數值，所以除了與藝術、運動有關的能力另當別論外，並非越早就一定越好。

在幼兒或兒童期（0 歲～12 歲），沒必要急於提升 IQ，但關於 EQ，則在 12 歲之前下工夫努力提升，才是聰明的做法。若不提升 EQ，則必定會為 IQ 及 RI 的遲滯而煩惱。因為 EQ 不提升，則情緒不安定，學習面出現遲緩現象，當然 IQ 也無法提升，這是顯而易見的道理。

上一節提到的EQ七 項要素（①自信②好奇心③計畫性④自制心⑤同伴意識⑥意思疏通能力⑦協

調性），一定要讓小孩在幼兒、兒童期充分體驗。不論欠缺這七項要素中的任何一項，都會造成學習意慾低落，必定會對精神的發育產生阻礙。

這七項能力，是在幼兒期或兒童期，透過遊戲、溝通、辯論而獲得的。在遊戲當中體會各種經驗，擁有自信後，能使好奇心萌芽。

為了愉快地遊戲，同伴之間必定發揮自制心。如此不但能夠培育出同伴意識，在與同伴的交談當中，也促進了語言能力及意思疏通能力的發育。與同伴歡樂遊戲的同時，便養成了協調性及計畫性。

這些能力是從親子會話、與同伴互動的團體戲遊當中學來的。

至於溝通，分為親與子、子與子二大類，兩方面一定得取得平衡才行。不只大人與小孩之間的交談，小孩與小孩之間的交談，也是提升 RI 的重要因素。不要忘了，小孩與小孩之間互動的收穫，是無法從大人單方傳達知識，或被動學習事物、才藝中獲得的。

想利用EQ提升RI，小孩之間的團體遊戲是不可或缺的。如果大幅削減小孩的遊戲時間，計畫表中排滿各種才藝教室行程，則EQ是無法提升的。

關心早期教育的父母們，請再一次仔細思考遊戲與 EQ 的關係，以及只靠 IQ 無法培育出真正的能力這件事。如果感情的發育受阻礙，EQ 降低，則想要提升 IQ 也難。

IQ 的提升是終身有效，但 EQ 的提升就只靠兒童期（12 歲左右）之前了。一旦過了此黃金時期，想要提升 EQ，不但更加困難，而且非得本人相當程度的努力不可。

　　如此不但成為情緒不安定，EQ降低，以自己為中心的暴力兒的可能性高，而且會過著怠惰的生活，學習意慾也下降。

R I 的重點

▶ 必須在 12 歲之前培育 EQ。

▼5 爲什麼提升RI一定要EQ

　　EQ下降，則經常會出現情緒不安定、憤怒、不安等狀況，使得知性活動受阻礙。再者，只會對自己的事表示關心（社會學用語稱私事化——Privatization——現象），無法產生體貼他人的心情。

　　像這種狀況，並非缺乏知性的經營，而是新學力觀中所謂的「意慾、關心、態度」等等，沒有提升的緣故。高曼先生也這麼主張：

　　「情動混亂，注意力無法集中，則將與眼前課題有關的資訊留在腦海裡的知性能力（認知科學稱爲『作業記憶』）無法發揮作用。」

　　此外，EQ不提升，則對於自己所做的事，感覺不出自信、熱誠與喜悅。只拘泥於考試的分數這項結果、輕視途中的過程、對於原理及構造缺乏興趣及關心，是因爲藉由EQ所產生的動機減弱的緣故。

　　EQ越高，能動的行動越多，「學習」一定會變得更愉快。知識慾提高，當然IQ也跟著提升，不但如此，RI也提升了。

　　我在許多著書中主張，不但要給小孩「會」的喜悅，還要給小孩「了解」的喜悅。這也可以說，除了提升「IQ」之外，還要提升「EQ」，帶給孩子

「學習」的喜悅。

決定一個目標，到達目標時的喜悅很重要，但中途的經營不也讓人感覺非常幸福嗎？面對目標練習（學習）、問題解決時的喜悅，應該具有結果與中途過程這雙重喜悅。

與其花父母的錢輕鬆地得到一部單車，倒不如自己利用打工賺的錢買一部自己喜愛的單車，反而能夠享受到更高的喜悅。

學習也是一樣，只為了考取高分而用功讀書，永遠也嘗不到學習的喜悅，即使沒有考試，仍然能夠自己設定問題，享受解題的快樂，就得具備EQ七項要素。因此，高曼先生主張「EQ是才能的總管」。

RI的重點

▶ 提升 EQ 之後，IQ 和 RI 也跟著提升。

適合幼兒、兒童的 EQ 測驗

　　以下是讓你了解自己的小孩 EQ 有多少的 EQ 測驗。

　　若答案為 Yes，請在□中畫○，答案為 NO，請畫×，最後再讀解說。

　　你立刻能夠知道小孩的EQ分數。如果EQ分數高，則讓小孩用功讀書以提升IQ，這樣才不會徒勞無功。

　　提升EQ及IQ，伸展RI，才是最聰明的育兒法，請以本測驗為參考。

　　①～⑥是針對父母親的問題，⑦～㉕是針對小孩的問題。

―――――――――――――――――――――

①小孩會用正確的文章（有主語、述語）說話。　□

②小孩想說話時，盡量當他的交談對象。　□

③小孩做錯事時，不會認為「孩子還小，沒辦法」，而會立刻加以注意。　□

④本來不會做的事情，一旦學會了，一定稱讚他。　□

⑤對於小孩問的「為什麼」，盡量回答。　□

⑥一定要求小孩把玩具收拾好。　□

⑦從小就喜歡到外面和朋友一起玩。 ☐

⑧喜歡和小孩玩耍甚於和大人玩耍。 ☐

⑨同伴出現爭吵時，經常由他當裁判。 ☐

⑩會靜待點心時間。 ☐

⑪在餐廳等公共場所會保持安靜。 ☐

⑫會有計畫地使用金錢。 ☐

⑬小孩房間沒有充滿玩具。 ☐

⑭想要什麼東西的時候，不常用哭的方式來表
達。 ☐

⑮朋友有三人以上。 ☐

⑯大伙兒一起遊玩時，會融入群體中。 ☐

⑰經常和父母親說話。 ☐

⑱在團體中不會任性地隨便行動（會過團體生
活）。 ☐

⑲遇到同齡的孩子有困難，會積極協助。 ☐

⑳即使遇到不高興的事，也不會採取暴力手段。 ☐

㉑會不小心將學校（幼稚園）裡的物品帶回家
。 ☐

㉒讀書時看見不會的同學，會主動教他。 ☐

㉓不僅對小孩，對大人也會使用「早安」、「再
見」等招呼語打招呼。 ☐

㉔用餐時不看電視，家人愉快交談。 ☐

㉕孩子喜歡幫忙家事，甚於玩電視遊樂器。 ☐

1個○得 4 分，滿分為 100 分。

A：100 分～80 分

EQ七項要素，①自信②好奇心③計畫性④自制心⑤同伴意識⑥意思疏通能力⑦協調性，一定培育良好。

他是EQ相當高的孩子，如果再加上高IQ，則RI可得高分，出社會之後成功的機率很大，能夠從事對社會有助益的工作。

B：76 分～60 分

在育兒方面，多思考提升 EQ 的方法。就算小孩的 IQ 高，但 RI 的伸展卻是一大煩惱。提升 EQ 最好的方法，是讓小孩到戶外參加團體遊戲。若再加上親子之間的交流，則 EQ 必定會向上提升。

C：56 分～40 分

應該將育兒的重點擺在 EQ 上，而非著重 IQ，如此才可使 RI 提升。由於 EQ 相當低，所以想提升 IQ 也是一大難題。最好讓孩子多交朋友，多講故事給他聽，進行親子間的交流。在兒童期之前加強這方面的栽培，則小孩的 EQ 一定會有明顯的進步。

D：36 分～0 分

若 EQ 太低，則 IQ 也無法伸展，當然 RI 亦處於低迷的狀態。過於保護或放任的場合，均會造成 EQ 降低，務必格外注意。除了 IQ 之外，如果也想

使 RI 進步，則首先應矯正生活習慣，奉勸您再度審視親子關係。請依照本書的方法，越早進行伸展 EQ 的方法越好。

在這種狀態之下，即使讓小孩上提高智能的補習班，也沒有任何用處，反而會造成小孩的緊張，使 RI 更為降低。這時最要緊的是，加強親子之間的溝通，藉此伸展 EQ。請繼續往下讀第 II 章，向伸展小孩的 EQ 及 RI 挑戰。現在開始還來得及。

第II章

思考早期教育

▌了解早期教育與 EQ、IQ 的關係很重要

　　早期教育、智能教育、英才教育等詞句耳熟能詳。家中有幼兒或低年級小孩的父母親，總是對於自己小孩的教育非常熱心，但不可忽略幾項重要事情。

　　包含英才教育在內的早期教育，希望各位先了解其缺點。實施早期教育，的確能提升智商指數（IQ），有些小孩變得更聰明，但也有些小孩變得缺乏變化、精神不安定。

　　再者，培育出非得大人指示不可的被動人格的可能性很大。換言之，就是只有 IQ 程度提升了，但 EQ 卻還處於不足階段。

　　即使早期教育成功，IQ 提升了、考進有名的大學、畢業後進入大企業就職，但在社會上卻未必能成為成功的人。相信大家也了解，徒有一身知識，卻無法貢獻社會的人何其多啊！千萬不要存有智能提升後，出了社會在各方面（包含金錢在內）都很方便的心態。

　　希望各位在提升小孩的智能時，思考包含 IQ、EQ、RI 在內，對小孩有什麼樣的正面意義。

早期教育的家庭增加

本章想探討以 IQ 為中心的早期教育。並且思考該怎麼做才能培養真正的能力。

依文字面解釋，早期教育就是在早期對孩子實施教育。問題在於什麼時候開始稱為早期？當然，胎教在此除外，還不會順利使用語言的0歲、1歲也不考慮。在此對早期教育下定義，就是對於3歲以上的幼兒，注入知識、強化學習要素的教育。

2歲以前的育兒，幾乎所有的家庭都應該將重點置於生活基本習慣的培養方面。這是專注於飲食、排便等教養、生活上危險事物及安全事物教育的時期，所以強化學習要素的教育不太被考慮。到了稍微會說話，大致明瞭大人所說的話，從「有、有」到站起來走路，可說是2歲左右的特徵。

不少媽媽給1歲以前的幼兒看畫冊，並說故事給小孩聽，事實上，與其說這是教育，倒不如說是為了討幼兒的歡心。到了3歲左右，家庭中即以育兒思想為主流。一般是到了小孩4歲才讓孩子上幼稚園，但最好從3、4歲起，便經常帶小孩出外走走，在不同的場所遊玩。

從還不太能離手的3歲左右起，許多父母便開

始思考能為小孩做些什麼。幼稚園、托兒所便是這類場所（也許可說是為小孩製造空間）之一，但很多孩子並不因此而感到滿足。

經歷每天與乳幼兒戰鬥的日子，到了 3、4 歲左右，隨著小孩的成長，父母在時間上也更充裕了。而且，現代家庭的孩子比以前少得多，因此有更多的心力注意小孩的種種事情。一聽到隔壁的○○開始學鋼琴，一定很多父母親便按捺不住了。

在這種背景之下，可想而知，將小孩的教育委託給好像專家的民間教育機構家庭增加了。小孩在家中的生活時間減少，在家庭外的時間卻逐漸增加。雖然父母對早期教育表示關心，但這對小孩而言，究竟是正面或負面的影響，本章將與各位一起思考。

再者，EQ 一詞將不斷出現，此能力由七項要素所構成，這在前章已經敘述過了，請參照閱讀。

R I 的重點

▶ 本章主要是對早期教育下定義，即針對 3 歲以上小孩給予知識的教育。

2 早期教育也分為好幾種

　　我初次聽見早期教育一詞，是在 18 年前發行之岩波講座「小孩的發育與教育 4・幼年期發育與教育 1」中刊載的深谷洌作先生之「保育與教育」論文。其中記載，中央教育審議會檢討早期教育的可能性。日本政府機關的文書中，早在 25 年前即使用早期教育一詞。

　　但普遍使用是從 1980 年代開始，在泡沫經濟高峰期（1990 年左右）之後，經常出現在傳播媒體當中。在此之前，幼兒教育比早期教育更常被使用在教育界中。那麼，為什麼早期教育被廣泛開始使用呢？幼兒教育的中心課題，是遊戲與教養（包含才藝）。但早期教育不僅只是這種幼兒教育而已，更包含了與智能、智商指數（IQ）有關的教育。也許可以說是大人對幼兒注入某種知識系統化的教育。這些知識是文字（注音符號、國字）、數字，有時也包含英語。

　　早期教育一詞，總令人想到智能（或是才能）伸展，一般人均企盼這種智能對小孩的將來有所幫助。因此，狹義而言，30 多年前即存在的鋼琴、小提琴、繪畫等包含在幼兒教育中的才藝，並不納入

早期教育中。

然而，本書將藝術相關教育，納入早期教育當中，成為早期教育之一。從這方面來思考，早期教育一詞包含三種意義。

一、原來為幼兒教育中心的才藝等事項。

二、以智能發育為主要目的的英才教育。

人類腦的容量在 5 歲時已經成長了三分之二，以此為根據，在早期給予腦部刺激，使智能伸展的教育。父母親們均相信，儘早給予提升智能的訓練，不但能提升小孩的 IQ，也能培育出聰明的小孩，因此將小孩送往實施英才教育的機構。

三、為了參加考試的早期教育。不僅以提升 IQ 為目標，更以考進有名的小學為目的，因此，也可稱為是考試制度下的幼兒教育。

本章以這三種類型的早期教育為基礎，進行小孩 EQ 的提升。

R I 的重點

▶ 早期教育分為才藝、英才教育、小學甄試三項。

有關英才教育

　　熱心教育的父母，當然希望培育出即使平凡也
好，只要是健全的孩子即可，但一聽到英才教育一
詞，恐怕也會為之迷惑吧！寸步不離的育兒時期結
束，在稍感鬆一口氣的時候，亦即大約正值小孩 3
歲左右，看見小孩可愛的言行，一定會對他的將來
有各種憧憬。這是每個人都有的自然感情。

　　現代社會與 45 年前的社會結構差異相當大。當
時從事第一次產業的人將近 50％，服務於公司的上
班族，佔不到勞動人口的 40％。在那樣的社會當中
，初中或高中所學到的知識好像不太需要。許多人
只接受義務教育後即成為勞動者。然而現在不同了
，80％以上是薪水階級。

　　大部分的薪水階級幾乎都無資產，**擁有**的只是
勞動能力（有助於勞動的能力）而已。並且有不少
人體會到，學歷在公司中是很重要的東西。隨著科
學技術的發達，生活越來越方便，但要製造、使用
這些機械，必須具備某種程度的學力。薪水階級雖
然沒有金錢這項經濟資產，但擁有教育這項文化資
產，這在企業中成為有利的立場。毫無經濟資產的
人，由於擁有文化資產（學歷），也能逐漸累積經濟

資產。這些人便構成了中產階級。

　　生活在這種社會中，「頭腦好」當然非常有利。另一方面，發達心理學及大腦生理學的知識普及，使得人們了解，智能會隨著環境而變化，這種觀念在這 30 年間擴展得極為快速。智商指數（IQ）並不是固定的，環境比遺傳要素更重要，許多教育專家、機構均主張，實施英才教育可以提升 IQ。

　　培育出智商高、聰明的下一代，對於社會相當有利。既然 IQ 是由環境所決定，因此，教育專家便認為，最好儘早實施英才教育，也因此掀起一股早期教育的風潮。當然，也有父母認為學歷是地位象徵之一。

　　（註）請注意學歷社會慢慢地在改變。最初的學歷社會，代表因學歷差異產生的經濟差別，不久便被視為是地位的學歷社會。現在逐漸傾向即使大學畢業也不代表什麼地位的時代。21 世紀的大學，不是為了獲得地位，而是為了取得證明我能做什麼事的資格。像這種社會變動，有些教育社會學者即以「從地位社會到工作社會」來表示。這在前章已經詳述。

R Ⅰ 的重點

▶ 由於產業結構改變，薪水階級增加，熱心教育的人也增加了。

▼4 有關考試風潮

在此談談「考試風潮」。

與伸展智能的英才教育不同，小學入學考試的目的不但更清楚，而且可說是成果可見的早期教育。小孩子必須記住考試的技巧，以取得入學資格為目的。為了考試及格，不僅得提升小孩的 IQ，更關心怎麼讀書才能過關。為了考進志願小學，非得提高智商指數不可。很多父母認為不從 2、3 歲準備起，就來不及了。

早期教育在傳播界盛行，是這 10 年的事情，而在有些國家中，這與小學考試風潮過熱的現象重疊了。這種過熱的情況也在電視畫面上顯現出來，相信一定有許多父母親感受到那種氣氛。

希望小孩參加小學考試的父母親，也許稱得上是滿分的父母，但小孩（幼兒）的意向卻幾乎不被重視。幾乎所有的家長都說：「讓孩子參加入學考試是為了孩子的將來。」而這些父母親的最大理由是：「現在小孩讀書實在是太辛苦了，為了避免國中、高中時受考試折磨，乾脆現在就讓他進入能夠直升大學的附屬小學。」

這些接受考試的人，大概以 30 歲層為中心，也

就是在考試競爭意識高漲的 20 年前，正值中、小學生的一代。在算術的教科書中，出現比現在的中、小學還困難的題目。例如集合、機率、演算、三次元方程式等等，現在是高中教科書裡才出現，國中還不教導。

　　小學的數學，也有不少學生難以理解的集合等學習項目。此外，中學的英語，文法部分超過 2 成以上（現在是以會話為中心，越來越重視閱讀，而不是死背文法）。所以也有些父母反而認為，現在的小孩讀書比以前辛苦多了。

　　然而，冷靜地思考，比起 30 歲層一輩的父母親小時候而言，現在的教科書學習項目減少了很多。現在小孩讀書辛苦的想法，如果從客觀的角度來看，可以說完全錯誤。而且，在附屬的小學讀書，往往比公立小學更辛苦（進度快、學習教科書以外的內容等等）。

　　一般而言，私立學校的學習量多、功課也多，校規更是比公立學校嚴格。原本為了讓小孩快樂的學習，沒想到進入私立小學之後，卻使孩子更辛苦了。由此看來，小學入學考試過熱的理由似乎還有其他，我們將在下一節說明。

R I 的重點

▶ 現在的中、小學生，讀書不比 20 年前困難。

5 解開考試過熱之謎

　　當今，國中入學考試好像比 5、6 年前鎮靜化，但小學競爭似乎方興未艾。現在 6 歲的幼兒，12 年後參加大學聯考的機率，一定比現在低得多，想進入大學並不難。

　　日本預計在 2010 年左右，會成為想進大學的人全部都能進入大學的時代。

　　冷靜思考看看，如果只是以進入大學為目的，而讓幼兒在那麼小就參加考試，實在不能說是明智之舉。再者，前面也提到，考進志願的小學之後，不但心情因此放鬆，小孩也認為不必再為考試而讀書，往往就不會認真學習。

　　而為什麼這股考試的風潮會出現過熱的現象呢？我們不得不加入社會的背景來進行思考。

　　調查考風興盛的地區，發現多半有以下的三種特色重疊。

　　某種程度所得階層（中產階級）聚集是第一特色。「某種程度」是重點，這是指並非有游泳池的豪華宅邸。而是以一般公寓大樓，或是鄰家的窗戶近在咫尺的獨棟建築居多的都市。

　　第二特色是，以服務於因學歷而影響升遷，以

及薪資差別大的企業之薪水階級居多。

第三特色是，不太了解鄰居在做什麼，附近居民少有互動交流。也許可說是地區社會的連帶感稀薄，新面孔出入比較多的地區。

居住在這類地區的人們，因為彼此之間缺乏交流，因此，往往成為一個個孤獨的人。

所謂薪水階段多的地區，就是構成此城市的人們彼此之間交流歷史淺的社會。以農業為主的地區，土地中的聯繫，透過工作而有強烈的傾向。

當然，也有煩人的一面，所以並非那個時代的一切都是好。但是，為了不被土地所束縛，想要自由的代價，就成了人人成為勞動者，將勞力出賣給企業的薪水階級。家人的心，變得比以前更孤獨。而這些人的行動，往往以自己為中心、競爭意識強、有排他的傾向。

這種情形就是前章所敘述的「私事化」。用淺顯的語詞表示，就是「個人主義」、「自我中心」。

不太受舊習拘束，在地區社會自由行動的薪水階級，最大的特徵是地區的連帶感非常稀薄。乍看之下很自由，但在社會環境中育兒的母親，卻缺少親切談話的對象，內心往往處於孤寂的狀態。

結果便成為很難聚集在公園聊天的社會。這些人聚集的區域（尤其是大都市的新興住宅街），其考試風潮很興盛。

為什麼這種區域的考試風潮興盛，我們暫且視

之為一個謎題，但以下是我的想法。

　　孤獨的人，其展示自己存在價值的心情往往很強烈，這種心態會表現在育兒方面。而薪水階級的家庭，現在十分了解學歷在大企業中的重要性。

　　再者，現代家庭多半以生 1、2 個小孩為標準，因此，雙親很自然的便在自己孩子的身上投下大筆金錢，並對孩子的將來有過高的期待。

　　人一旦在地區社會中孤立，連帶感便稀薄，所以不管對什麼事都有競爭意識高的傾向，這種競爭意識用在育兒方面，大家應該不難想像會產生什麼現象。

　　此外，文明社會是由農業社會轉為工業社會，再變化為服務產業社會。就像一般所謂的經濟服務化或柔軟化，可以想見，今後將成為資訊產業的社會。在這種社會當中，分業化不僅出現在工廠裡，甚至滲透至社會組織中的各個角落，因此，每個人越來越孤立了。

　　地區連帶稀薄，很難將自己的存在價值(identity)表現出來的社會，就藉由金錢、消費展現自己，證明自己像無色透明空氣般的存在。對自己缺乏信心，或覺得現在所做的工作沒有價值的人，會利用其他的手段使自己顯著一些。

　　「我先生是○○大學畢業」、「我叔叔是醫生」、「我兒子在○○銀行上班」等等，說一些和自己沒有直接關係的驕傲話，便是最佳的例子。

此外，越是感到自己沒有存在的價值，內心貧乏的孤獨者，越會穿戴名牌，藉此向他人展示自己的高消費能力。這就和雖然不喜歡，但卻花大把鈔票買賓士轎車的心理一樣。

　　每個人或多或少都有追求地位象徵的心裡，但是對自己缺乏信心的人，其追求傾向更明顯、更強烈。這種現象不僅出現在大人的身上，甚至也波及高中生、國中生，這就是現代社會。偶爾也可以從電視上看見，無法以金錢、學歷誇示自己內心的人，最後便走上犯罪一途。

　　有錢的人可以在一大片土地上蓋有游泳池的別墅，可以戴著百萬勞力士錶、開著百萬賓士車，但只有小錢的薪水階級就沒能力這麼做。

　　這時候，就換小孩上場了。即使投注再多的金錢於小孩的教育費用上，栽培小孩直到大學畢業，也不必花像買豪華宅邸、高級轎車那麼多的錢。一旦能夠進入有名的幼稚園，就像在學歷競爭上成功了一步似的，成為了不起的地位之一。

　　口頭上說一切都是為了孩子，但實際上卻是以獲得地位象徵為目的，這就是參加考試的孩子的雙親之深層心理。

　　看到一些熱心的教育媽媽「關心」考試，就令人感受到她對丈夫幾乎沒有期待，也沒有自己的興趣及熱衷的事。

　　在這種狀態之下，最可憐的不就是那些被期待

參加考試的幼兒嗎？

R I 的重點

▶ 由於產業發達，造成孤獨的人增加，形成不
易展現自己的存在價值，因而依賴名牌的人
增多。小學入學考試過熱，也是認為這是地
位象徵之一的雙親增加之故。

6 在雙親的方便主義下擺盪的小孩

前面盡是探討早期教育風潮的社會背景，似乎有點講小道理的味道。從本節開始，便穿插具體實例，做深入的說明。

前面也提到過，小學考試 100%是雙親的意向。現在在與前節不重複的範圍內，探討在什麼樣的心態下，雙親會讓小孩參加考試。

除了當成地位象徵的考試之外，我也注意到被忽略的考試組。育兒有完全放手的「放任主義」與完全相反的「過度保護」，許多父母不正是在這兩者之間來來去去嗎？因育兒而疲憊，感覺做什麼都很麻煩，於是出現想對小孩完全放手的心情，以及對小孩期待過高，凡事均盡力照顧的心情，同時存在於父母親的內心。

心理學用語稱為「情緒矛盾(ambivalence)」狀態，一般認為，這種矛盾的感情及態度，同時存在於育兒的父母親（尤其是丈夫完全不協助育兒的母親）心中。心裡想拼命努力育兒，但又有另一種聲音說：「怎麼樣才能愉快地育兒呢？」這時候，應該有很多人的腦海裡會浮現放任育兒的方法。

在讓小孩參加小學甄試的父母親當中，雖然自

己沒有意識，但確實有不少希望輕鬆育兒的例子。許多父母認為進入這些小學後，就不必再為升學考試而煩惱，這種理由就是證據所在。一定有人會提出反論：「才不是呢！我是為了小孩著想，才讓他參加考試的。」接下來的話差不多是「少了升學考試的壓力，小孩就可以輕鬆愉快地享受學校生活。」

但這種「愉快」、「減少壓力」，事實上是本身（父母親）希望沒有壓力、愉快的育兒（說穿了就是放任育兒）。

事實上，真正感到愉快與否，只有小孩本身最清楚。因人而異，有些小孩並不適合這種沒有壓力、愉快的讀書環境。而且一般而言，私立小學比公立小學嚴格，也是不爭的事實。

由此看來，與其說參加小學甄試是為了小孩本身，不如說是為了符合父母親的方便主義。配合父母親的心態擺盪的孩子最可憐，不是嗎？

R I 的重點

▶ 情緒矛盾強烈的母親，容易成為教育媽媽。

7 小學甄試是危險的陷阱

　　我想，這是有關考試的最後一節。在此，我試著舉出考試失敗的實例，並列舉了每個人都可能陷入的危險性，做為本章之總結。

　　因校而異，有些小學甄試的錄取率偏低，因此不得不說這是個窄門。

　　如果以成功入學者1人來計算，希望入學者應該就有5個人以上，由此可知，被拒於門外的幼兒占壓倒性多數。因此，走後門爭取入學機會的例子時有所聞。

　　一旦不能夠順利進入私立小學，接下來為了國中階段，小孩往往必須完全遵照父母的指示好好地讀書。

　　一般而言，對於考試熱衷的父母，差不多在小孩3歲左右就開始準備，準備期間為3年。這段期間，幼兒的言行與自己的意思無關，而是依照雙親或補習班老師的指示而為。

　　通常，3歲到5、6歲左右，是小孩交朋友、充分遊戲的時期。藉著和朋友一起遊戲，不僅能夠使小孩習慣團體生活，心理學家更指出，這有利於小孩的感受性豐富、情緒安定，以及腦部的發育。可

以肯定地說，人類能力伸展的EQ七要素，完全包含在遊戲當中。

在這種重要的時期，如果持續將幼兒置於只接受大人一方指示的環境中，會造成孩子的精神狀態處於極不安定的情況中。曾經有幼兒為了進入有名的私立學校而拼命用功讀書，結果因為緊張的關係，出現了圓形脫髮症。

雖然有能夠適應考試型態的幼兒，但是也有無法適應的幼兒（即使適應了，但其失去的更多）。

小學失敗了，接著便以國中為目標，小孩必須從小學1年級就開始用功。

這些兒童在2、3年後，便會感覺喘不過氣來，變得討厭讀書。被注入知識，IQ也許多少有些進步，但使EQ七要素進步的機會卻被剝奪了。造成吸收知識的器皿無法伸展的結果。

就這樣，小孩越來越討厭讀書，不能適應學校的生活。常有父母親來找我商量，他們表示在小學入學甄試失敗之後，孩子到了4年級便不聽父母親的話了。

如果讓這些孩子寫作文，他們幾乎都無法順利地表達出自己的感情，一看就知道他們的精神處於不安定的狀態當中。

明知會落入這種危險的陷阱中，還是要讓孩子那麼小就接受甄試嗎？如果父母親非增加小孩的 IQ 不可，那麼也請想辦法增加小孩的 EQ。

伸展幼兒 EQ 的最佳方法，就是讓小孩參加戶外的團體遊戲，或者是遊戲要素強，由數人組成的室內遊戲（撲克牌或猜謎）。

R I 的重點

▶ 強迫小孩坐在書桌前讀書，減少遊戲時間，
　則其 EQ 無法進步。

▼8 關於智商指數(ＩＱ)

　　關心早期教育的父母,幾乎都關心智商指數(IQ)。根據許多報導,從幼兒期開始給予刺激,能夠使 IQ 進步。對於提升 IQ 很熱衷的父母有增加的趨勢,本節將再一次討論有關於 IQ 的種種。

　　如前所述,IQ 是指「Intelligence Quotient」。由智能年齡(精神年齡)÷ 實際年齡(時間年齡)× 100 求出。

　　讓小孩參加為智商檢定的測驗,即可清楚地知道該子的智能年齡。

　　智能年齡比實際年齡高,表示智商(IQ)在 100 以上。但從這個式子就可以知道,這個數字並非絕對的,只是相對的指標而已。

　　這不但不是一個測出小孩一切能力的數值,而且結果也很容易隨著年齡、環境而變化。熱心教育的父母,認為對腦部刺激或家庭環境改變,應該可以使智能提升,因此便將孩子送進補習班。

　　已知 IQ 不是固定不變的,藉由腦部訓練,可以很容易地提升 20 或 30 的智商指數。

　　激發 IQ 教室之所以生意鼎盛,就是由於這項事實。然而,因某種理由停止訓練,或到了某時期,

原本 IQ150 的孩子回到 IQ100 的例子也屢見不鮮。

從眾多「小時了了，大未必佳」的實例，即可了解 IQ 的變化。

由此看來，IQ 實在是不可靠的數字。就算 IQ 高，但沒有自信，欠缺好奇心、毫無計畫性、自制心不足，就不會活用知識，在社會上也無法成功。換言之，EQ 低則成為「普通人」的可能性很大。

很多雙親以為，一旦 IQ 提升了，這個數值便是固定的，絕對不會下降，而且認定這個數字代表小孩腦筋的好壞。

殊不知，一旦停止上 IQ 成長班，就會變成和一般的孩子一樣。況且，智商測驗的範圍，知識是有限的，如何利用這些知識也被限定了。

換言之，根本不知道他是不是有想像力進行創造。提升 IQ 也許對考試有所助益，但並不代表長大後能從事富於創造性的工作。

如此看來，只要不對提升 IQ 過度熱衷，則利用 IQ 來了解自己的小孩智能年齡比平均小孩前或後，也許是一個好的方法。

但我還是認為，與其在幼兒期或兒童期努力提升 IQ，還不如以提升 EQ 七要素的育兒方法更能培育出聰明的小孩。

看看那些在社會上成功的人，不都是具有集中力、協調性、對自己有信心，能夠與他人充分溝通意思的人嗎？各位不要忘了這項事實。

RI 的重點

▶ 充分了解 IQ，努力伸展 EQ。

▼9 幼兒期就會算術的小孩 到了5年級……①

　　現在流行讓小孩從幼兒時期就開始上數學班。即使不上數學班，也會讓幼兒練習背誦、學加法、減法。更有許多父母因為自己的小孩會背九九乘法而心中暗喜。

　　小學以前學數學好不好呢？結果如何？我們先來看看比較順利的例子。

　　Ａ同學現在上小學 6 年級。在校的數學成績都是「優」，考試幾乎都是滿分。他的母親雖然對教育很熱心，但是除了少數的才藝班之外，並沒有讓他上早期教育之類的教室。

　　1 年級的時候，他幾乎已經理解 2 年級範圍的數學了。加法、乘法等計算難不倒他，即使是一般幼兒較不拿手的應用題，他也能夠迎刃而解，並且給自己出加法、乘法混合計算的應用題，可以說已經能夠完全理解加法、乘法的意義。

　　會解小學 3 年級的計算題，卻不會解應用題的幼兒，是因為不懂加、減、乘、除等意義的關係（算術請參考第 IV 章）。

　　Ａ同學沒上過數學班，卻了解 2 年級的數學，是由於好奇心相當強之故。因為自己喜歡，所以閱

讀與數學有關的漫畫書，母親也因此讓他玩彈珠等數字遊戲。他的語言發育比一般幼兒還早，4 歲就能自己閱讀故事書或漫畫等書。因為抽象的數學與幼兒過去的體驗相吻合，再加上非強制，而是自己想學習，這是他成功的兩大條件。也就是說，他不是處於被動的狀態，而是體會數學的趣味之後，積極地認真學習。

A 同學的母親並無對他指示東、指示西，而是給予他良好的環境，以及在一旁支持他。他已經成長至 6 年級，而且情緒很安定，所以從來沒有欺負他人或鬧彆扭的事發生。今後 RI 必定更進步。

R I 的重點

▶ 十分充裕的早期教育，若能加上 EQ 的發育，則成功的機率相當高。

10　幼兒期就會算術的孩子
到了5年級……②

　　接著介紹失敗的例子。

　　B 同學從幼兒時期就開始上數學班。當然會唸到 100 的數，而且上小學之前就已經學會加法、減法、乘法、除法了。小學入學時，數學程度超出其他小孩 2、3 年。幼兒時期即會基本四則演算，父母當然滿懷期盼，自己的小孩是不是具備數學才能？在重視智育的社會中，會演算算術或數學，的確是學校生活的一大利多。況且，如果這項主科得高分，則在大型考試中成功的機率也相對提高。

　　B 同學到了中年級，學校考試成績均良好，但是從 5 年級開始，就為成績無法進步而煩惱。一遇到比例、速度等抽象度高的學習內容，便出現落後的現象。為什麼會變成這樣呢？

　　數字所代表的意義，主要是量及順序，幼兒要理解數字與量的關係，必須花費相當多的時間。

　　例如 5 個蘋果以「5」表示。了解量的概念之後，便知道 7 個蘋果比 5 個蘋果多，亦即 7 比 5 大或多（7>5）。根據瑞士心理學者皮亞傑的研究，6 歲左右，快則 4 歲才能學會這種量的概念。

　　如果強迫不懂數中包含量的幼兒算術。那只是

單純的背誦作業而已。

即使讓這種年齡的小孩演算基本四則，他也只能達到「會」的程度，是屬於機械性的動作，因爲無法意會出加、減法的意義，所以幾乎完全不了解。不懂意義只會計算的小孩，其特徵是，隨著年級升高，對需要想像力的應用題感到棘手，多半在面臨需要抽象思考的 5 年級學習內容時，便束手無策了。

我想，B 同學接受數學的早期教育，只是「會」計算而已，並沒有培養出讓想像力膨脹的創造力。因爲沒有學習原理、構造，所以幼兒時所接受的教育，可說是完全無效的典型例子。

只拘泥於「會」，無法對進步表示興趣，所以始終無法體會出「學習」的喜悅。在此懇請家長不要再做這件事了。

R I 的重點

▶ 數學不可因會計算就放心。講求了解構造及原理的學習法，才可提升 RI。

早期教育的1週課程過於緊密

從幼兒至小學低年級階段，一般小孩比較不會上升學補習班，而以上延伸智能的才藝教室居多。鋼琴、小提琴、游泳、美術、英語、速算、作文班等等，這類以培育英才為口號的教室，多得數不完。經常也可接到廣告單或電話拜訪。

聽見周圍同年齡的小孩在學什麼，很多父母一定也心動了。有些教室更以半強迫式的宣傳詞句表示，人腦在5歲已經完成（腦細胞完成是事實，但至今仍無人解明這是不是就決定了能力），如果不在幼兒期刺激腦部，智能就無法伸展。

在這種社會環境中，只有1、2個孩子的家庭，無意識中便對早期教育寄予關心。努力育兒的認真母親，一定也很努力地為小孩製造優良的學習環境。看過許多教室，仔細檢視內容後，好像覺得所有的早期教育，都很適合自己的小孩。

但是琳瑯滿目的早期教育，如果通通排進小孩的課表內，會變成怎麼樣的結果呢？小孩在每個教室中，幾乎沒有固定的交往對象，只習慣在大人的指示下動作。

再者，大人會在某種程度下配合小孩的行動，

所以比起只和小孩相處，他不太能獲得生氣、討厭的經驗。除了被強迫用功之外，應該很多的事情都能夠隨心所欲地進行。

而當在早期教育中決定一週課表後，不但小孩之間遊戲的時間減少，而且時間也被零亂地分割，無法確保整體的遊戲時間。

現在研究報告紛紛出籠，指出以讀書生活為中心的幼兒，會陸續出現各種問題。因為和小孩們遊玩的機會少，所以不太能融入群體之中，只會在大人的陪伴下玩耍，而且不了解玩伴的心情、被玩伴排斥的情形大增。

這種小孩上了小學之後，很明顯地看出他不太習慣於團體生活。各位父母一定得有共識，再怎麼好的早期教育，如果課程排得過密，只會害了孩子而已。

早期教育課程排得太密，幾乎沒有遊戲時間的幼兒，長大成人後會變成怎麼樣？我倒是沒見過這類的研究報告，但可想而知，一定是只有 IQ 高，從遊戲當中培育出的 EQ 低的人。

為什麼呢？因為幼兒、兒童透過遊戲，能獲得與同伴意識、協調性有關的能力，請各位父母了解，從小被剝奪遊戲機會的孩子，不但精神呈現不安定的狀態，連 EQ 都無法伸展。

身為父母的人，一定得有這層認識，從小剝奪小孩的遊戲機會，只努力提升小孩 IQ 的嘗試，實在

是非常危險的「賭注」。至今並沒有人針對小時候被剝奪遊戲機會的孩子，長大成人後的生活狀況，做有系統的追蹤調查。

　　此處所謂的遊戲，並非依照大人指示的遊戲，而是小孩們自主性的遊戲。

RI的重點

▶ 早期教育課程排得過密，使小孩喪失伸展 EQ 的時間。

接受早期教育的人
都能成為專家嗎？

　　已知早期進行藝術相關教育，能得到不錯的結果。但一般認為像鋼琴、小提琴等，若非達到某個年齡，是沒有多大進步的，所以長大後學習的才藝，最好和興趣分清楚才好。

　　不少父母認為，長大後再學已太遲了，還是應該讓孩子從幼兒時期就開始接受藝術相關教育。這種心態是可以理解的。長大後再學，99.9％不能成為專家，但如果從幼兒期開始學，即使不能成為著名的藝術家，以此為專職的機率也相當高。接受早期藝術相關教育的孩子，往往到了國中、高中就停掉了。由此可知，才能的有無有很大的關係。因此，早期藝術教育，與其說是以專家為目標，不如視為是情操教育之一。

　　長大成人後，擁有藝術相關的興趣，不但人生更快樂，對事物的看法也更寬廣，對於整個人生非常有利。以這種輕鬆的心情思考早期藝術相關教育，就能坦然地接受比其他人稍微落後的孩子，並且不再以競爭方式育兒。如此一來，當然可以期待小孩的 EQ 能有顯著的成長。

　　另外，運動也有早期教育的必要。網球專業選

手或體操、溜冰選手，都得從小練起。

　　接下來，探討接受以智育爲中心的早期教育。從幼兒時期開始上提升智商指數的教室，長大成人後，真的能享受到其好處嗎？這是最重要的一點。

　　很多雙親認爲，就算不能成爲天才，至少希望能利用此知識，在職業方面有所助益。

　　除了大學教授、研究人員、醫生、律師等職業外，成爲作家也不錯。以更狹義的解釋說明其優點，考上有名的大學也是優點之一。只不過，15 年後大學所處的環境，大部分和現在不同，到時候應該就沒有所謂的明星學校這項優點了。

　　即使夢想提升小孩的IQ，讓他長大後有一份不錯的職業，因而對孩子實施早期教育，但成功與否，事實上沒有人知道。可以確定的是，前面所得到的職業人口，只佔全部人口的百分之幾而已。如果只爲了小孩的將來利益，而實施提升 IQ 的早期教育，我認爲有重新思考、調整的必要。

ＲＩ的重點

□ 即使早期接受藝術、運動相關教育，也不能保證一定能夠成為專家。一開始最好當成情操教育之一，以伸展 EQ 為目的。

接受早期教育成爲天才的人

　　早期教育的效果要清楚地表現出來,則最快要 20 年左右,但在今日學校教育制度尚未十分確立的時代,接受早期教育成爲天才的人寥寥可數。現在就介紹其中一人,J・S・穆勒(1806～1873)。

　　J・S・穆勒是英國經濟學者,在世界上頗富盛名,今日,他的『經濟學原理』仍是經常被閱讀的古典著作。他從小就在同樣是經濟學家的父親的規劃下,接受英才教育。

　　穆勒一生沒上過學校,從幼兒時期即由父親直接教育,教育內容非常驚人。3 歲開始由父親教希臘語。8 歲已經成爲英語、希臘語、數學高手,據稱,他讀過許多大人閱讀的歷史書籍,是當今媽媽們一聽,就羨慕得不得了的天才兒童。12 歲時,他已經讀完以拉丁語爲主的全部著書,甚至包括亞里斯多德的著作。

　　此外,9 歲開始學代數、幾何,12 歲開始學哲學、微積分,13 歲時已經完全學會那個時代所教授的學問。這種由父親一人實施早期教育的情形,是一般家庭望塵莫及的。

　　這些事蹟是經由穆勒本身的著書『穆勒傳』,才

爲外界所知的。

由於後來穆勒成爲世界上知名的學者，所以可稱得上是早期教育成功的例子。然而，穆勒在自傳當中，並非完全肯定英才教育這件事。

雖然並沒有出現否定父親的言詞，但是卻流露出對於接受早期教育不滿的態度。他的精神不安定，爲了自己接受的教育而煩惱。

20 歲時，他陷於極度壓抑的狀態當中，甚至告白自己接受的「不是愛的教育，而是恐怖的教育」。這是由於在人類精神發育重要的幼兒期至少年期，極少遊戲的緣故。而且，他的 EQ 七要素中，可能只有幾項發育而已。

早已知道被剝奪遊戲機會的孩子，會出現情緒不安定的現象，連穆勒也不例外。或許可以這麼說，他在早期教育下成功地成爲天才，但心靈卻滿是傷痕。

相同的現象也適用於藝術、運動相關的英才教育上。如果從小就以成爲專家爲目標而進行練習，當然就得犧牲不少的遊戲時間。就算將來成功了，也只是在網球、高爾夫球、棒球等領域上高人一等而已，童年什麼色彩也沒有，像這樣寂寞的天才運動員應該不少。

從小就希望能和其他的小孩一樣玩耍，希望做一些網球、棒球以外的事情，在這種心態之下，當然會出現精神不安定的狀況。

雙親應該了解，孩子並非成為天才才能夠通往
幸福之道，世上還有其他許多更寬廣的道路。

R I 的重點

口即使在早期教育下成功地成為天才，但如果
　缺乏 EQ，便會出現情緒不安定的狀況。

早期教育與競爭教育

前面稍微提到過，早期教育之所以風行，競爭教育是一大主因。請別忘記，這裡所謂的「競爭教育」，包含意識與制度二層意義。

具體而言，即有關育兒的意識競爭，以及以考試制度為原則的競爭考試。現在來討論以考試制度為中心的競爭教育。

考試除了推薦考試之外，就是競爭考試了。由於參加者比錄取者多，所以有人落榜是必然現象。

如果預計錄取200人，但有500人前來應試，則除非考入前200名，否則就算不及格。

不論本人多麼努力，只要有人比你更努力，你就無法通過考試，這可說是競爭考試的特徵。所以，不論是考生或雙親，都很在意自己比別人會多少？不會多少？考試的偏差值，是為了正確了解自己在全體當中的位置，所以相當受重視。關於這一點，至今仍未改變。

經常有教育專家批評學校進行偏差值教育，但現在除了極少數私立學校以外，國中、國小已經不使用偏差值了。現在的中小學幾乎都不採偏差值教育，而學校之所以被批評為偏差值教育，是由於考

試制度採取競爭原理之故。

　　歐美的考試並非競爭，像台灣、日本這樣的考試競爭並不存在。而採用類似考試制度的，還有韓國及部分東南亞的國家，因此，他們也會發生和日本、台灣相同的現象。

　　只要競爭考試不改革，則偏差值或類似的資料就一定不會消失。

　　從實際的數字可以看出，現在的大學聯考錄取率，是一年比一年提高，所以事實上，競爭率及入學難的程度，很自然的也比以前下降許多。

　　但是，因為競爭考試的制度並未改變，而且包含雙親在內的競爭意識又高，可以想見，現在的競爭教育是以進入有名的大學為目標，出現競爭激烈化的現象。

　　德國、法國等地，幾乎都沒有考試競爭這回事，因為他們採用資格考試制度，只要取得某種資格，便允許你入學，並沒有競爭考試的情況發生。但台灣、日本等國家就不同了。

　　個人育兒競爭之外，再加上單線型競爭的考試制度，造成許多父母對於教育過度熱心，從幼兒時代便加入早期教育的行列中。

　　為了使過熱的早期教育鎮靜下來，當今競爭考試制度的改革相當重要。改革之後，才有更多的精力來思考如何提升 EQ。在現在的競爭考試制度之下，培育出「為了贏別人而讀書」的小孩，並不是什

麼稀奇的事。

　　為了培育出能夠體貼他人，EQ 豐富的孩子，我認為應該採取資格考試的入學制度。

R I的重點

□將競爭考試制度改為資格取得制度之後，一定能夠提升小孩的 EQ。

為什麼智育受到重視

　　現在想談的是，早期教育幾乎都是和智能有關的內容。身為父母親的，一定都曾經想過，該怎麼做才能提升小孩的智商指數呢？我們不妨先想想，為什麼智育這麼受重視？

　　第二次世界大戰以後，薪水階級增加，許多人進入大學，1970年以後，大學更是大眾化。大眾化的關鍵是由於薪水階級的薪資制度。

　　在大企業裡，不但高中畢業比國中畢業、大學畢業比高中畢業容易成功，其薪資差異也很大。甚至到了1988年，任職於中小企業的高中畢業生，與任職於大企業的大學畢業生，薪資就相差1.7倍。為了多賺錢，國中、高中畢業的勞動者便深深感受到，非得上大學不可。

　　對於學校課業表示強烈關心的父母，因此而增加，也是順理成章的事。為了取得高學歷，因此，智育備受重視。

　　此外，具有中等意識階級的人，知的好奇心強烈是一大特徵。其中有不少人不屑金錢，便以取得大學畢業的文憑，證明自己擁有一身的知識，做為取得地位的條件。

許多人相信，高智能是獲得高收入、獲得知性地位的必備條件。因此之故，許多家庭便在教育方面投注大筆資金，使得幼兒智育也備受重視。

R I 的重點

　□具有中等意識的薪水階級，對於取得學歷很
　　熱衷。

提高以會話為中心的語言能力

　　一定有很多的父母非常在意，在幼兒上小學之前，應該要讓他學習到什麼程度。

　　在入學之前，一般家庭對於幼兒仍是以實施智育教育為中心。

　　許多小學老師指出，到了小學高年級，學力差才會明顯呈現出來。一旦上了國中，全班有三分之一的學生對於教科書的內容了解 80%，就令人滿意了。為什麼會產生這種學力差呢？

　　專家們議論紛紛，而語言能力最近成為最有力的說法浮上檯面。這是深受發育心理學者及教育社會學者所支持的學說。

　　根據統計證實，高學歷父母親的孩子，獲得高學歷的機率也高。其原因之一，是語言能力佔優勢。換言之，也就是語言能力高，則取得高學歷的機會也高（亦即高學力）；另外，語言能力對於家庭環境，具有某種程度的決定性。這二者已經得到證明與肯定。

　　從幼兒期開始，親子之間充分交流，無疑能夠提高語言能力。但並非只是單字而已，到了 5～6 歲左右，當然要他針對「為什麼、變成如何」的主題

，進行某種程度的申述。

要小孩規規矩矩的說話（主語、述語清楚），雙親當然非得規規矩矩地使用說話語詞不可。而且，針對要領，簡潔敘述很重要。幼兒最初只會使用單字，雙親必須要引導他。

以下舉出簡單的例子：

孩子：「我今天上幼稚園不好玩。」

母親：「爲什麼呢？」

孩子：「小宜真好討厭喔！」

母親：「哦？！你們吵架了嗎？」

孩子：「對！吵架了。」

母親：「你們不是很要好嗎？怎麼會吵架呢？」

孩子：「盪鞦韆的時候，她插隊。」

在這番對話之後，母親必須針對以上的會話做結論。

母親：「因爲小宜真沒有遵守盪鞦韆時應該排隊的規則，所以你和她吵架。因此你覺得今天上幼稚園不好玩，是嗎？」

這才是重點。

類似這種會話，如果經常使用在親子的對話當中，很自然的，便能夠培養出語言能力，上小學以後也不必擔心。

當然，上小學以後，親子之間應該規矩地進行對話。只講求單字正確，不管文法對不對的情形，專門用語稱爲「使用限制代號」。另一方面，清楚地

使用主語、述語，以及正確的文法者，稱爲「使用精密代號」。

根據統計，高學歷的家庭使用精密代號比限制代號多。可想而知，使用精密代號的家庭EQ較高。

RI 的重點

口提升 RI 的關鍵可以說是「語言能力」。

提升以閱讀為中心的語言能力

接著，思考有關以閱讀為中心（包含一些書寫）的語言能力。已知學力，尤其包含學校所要求的智力，受語言能力所左右。

語言能力發達的小孩，不但IQ高，而且善解人意，創造力豐富，很會想像，所以EQ也高。反之，語言能力弱的兒童，即使再怎麼教他數學，他也只會計算而已，對應用問題幾乎束手無策。

此外，由於不擅長意思溝通，因此常常訴諸於暴力。語言能力強，則EQ高，吸收知識的器皿大，所以能夠不斷地吸收學校所教的知識。

由於意思溝通良好，故在精神上處於安定的狀態，所以在吸收知識並加以利用方面不成問題。

檢查是否具備語言能力的方法很簡單。幼兒還無法測試，小學以上即可正確地測試。是否能夠以文章方式清楚地表達出自己的意思讓對方知道，是高語言能力的必要條件。因此，作文能力強的兒童，也有高學力的傾向。

那麼，在進入小學之前，究竟應該具備什麼程度的語言能力呢？

在幼兒會話到達某種程度之前，唸文章給他聽

，對於提升語言能力具有相當好的效果。

在大人唸書的同時，首先小孩會記住各個單字，接著陸陸續續記住單字之間的串連。

如此，不但使得知識在無形中逐漸增加，想像力也一定會更豐富。幼兒比較注意的詞句，可以反覆多唸幾次，在大人唸書的同時，幼兒的心靈正愉快地進行各種想像呢！

唸書給幼兒聽，不但加深其理解語詞之間的串連，還可增加知識、提高想像力，具有一石二鳥之效。

在陸續為他唸書之後，接下來，幼兒會出現自己想唸書的時期，請不要讓此機會溜掉。以此為開端，只要他想唸的書，包含漫畫在內，都要不斷地讓他唸。

唸過許多文章之後，即使很多字不會寫，也會自然而然地記在腦海裡。

上小學之前，只要會寫自己的名字就夠了。與其強迫幼兒寫字，不如讓他多唸書，這種方法反而能夠讓幼兒記住更多的文字。

即使上了小學之後，這種唸書的語言能力伸展也能奏效。如果小孩不喜歡唸書，首先請父親或母親唸書給他聽。這時候，親子最好一起挑選書。

1 天 10 分鐘就夠了，這是親子交流之一，務請確實實行。不用說，這時候當然以娛樂性書刊較教育性書刊為優先。

RI 的重點

口唸書是伸展 EQ，提升 RI 最有效的方法。

18 數學該學習到什麼程度呢？

在幼兒上小學之前，熱衷於讓他學數學的母親增加了。本節將提示您，幼兒學習到某種程度之後，上小學便不用擔心的狀況。

即使讓幼兒背九九乘法，或進行機械式的加減乘除計算練習，也幾乎沒有任何意義。應該先了解數中有量之後，才懂得加、減、乘、除計算的意義。乘法的基本意義是，「一個的量」×「幾份」＝「全體的量」，以了解此公式爲前提，就非得先了解數中有量的意義不可了。

一般而言，幼兒會做加法計算，多半只是記住方法而已，並非真正了解意義。通常要到 6、7 歲才能夠理解量的概念。所以，即使幼兒時期就會小學 3 年級的學習內容，但是從發育心理學來思考，也毫無意義。

在幼兒上小學之前，請讓他學會集合的概念，一對一對應的概念，數的順序這三項。

集合是指相同集合，如果會區別動物與植物，並且在動物的集合當中，會區別猴子與鳥類是不同的集合，那就夠了。所謂一對一對應，是指在相同的集合當中，一個一個對應，學會對應之後，就會

區別數（包含量）的大小。接著會從小到大排數（順序數）。

即使不反覆進行這些練習亦可。常常看圖畫書或適合幼兒的圖鑑，或者到動物園、水族館等處接觸各種生物的孩子，EQ 會自然地提升，也能夠自然地掌握住集合概念。

一對一對應或順序數，也能夠透過進行撲克牌的「接龍」等遊戲而自然地記住。雖然沒有刻意安排「讀書時間」，但只要生活體驗豐富，有足夠的親子讀書或親子遊戲的時間，則根本不必擔心。

如果總是希望讓小孩做些什麼，那麼建議您利用彈珠，讓幼兒以實物進行一位數的加減法練習。

R I 的重點

□有關數學，首先讓小孩了解，數是表示量的記號，接著再教計算方法。

19 有關時間的學習

理解時間的概念，學會時間與時刻區別的時期，每個小孩都不同。有些小孩 1、2 年級就會，但也有一些小孩到了 5 年級還不會。不過，一般小孩在 6 年級時，已經具備清楚的時間概念了。在此思考一下，幼兒期對於時間，應該理解到什麼程度呢？

在幼兒上小學之前，讓他或多或少擁有某種程度的時間概念，就能減少學校生活的困擾。小學階段，如果不懂得時間，則恐怕一天的生活就沒有辦法愉快地渡過。幾點幾分該上什麼課？幾點下課？星期幾是幾點放學？總而言之，行動均受到時間的拘束。對於幼兒期幾乎不注意時間的孩子而言，小學生活應該備感困擾。

培養時間的概念，必須花費一段時間。當親子之間完成某種程度的會話時，父母親就有必要刻意地引導幼兒看時鐘。不需要為幼兒買手錶，有掛鐘或鬧鐘就可以了。

絕對不要對幼兒說：「現在我們來學習看時鐘。」因為即使幼兒對此感到興趣，那也是暫時性的。那麼，什麼方法最好呢？

就是在日常會話當中，刻意地加入有關「時間

」的言詞。一邊對孩子說「每天早晨 7 點起床」、「8 點以前必須到學校，我們得提早 20 分鐘出門」、「晚上 9 點一定要上床」，一邊引導孩子看時鐘。在家時可以說「今天中午 12 點開飯」、「今天有二位好朋友要來我們家玩，遊戲結束後 3 點鐘吃點心」、「媽媽去買東西，4 點以前由你看家」、「你可以出去玩，但是 5 點以前必須回家」等等，這些會話刻意地進行 2 ～3 年，則小孩不但會記住時間的長度（量），入學後也會區別時間與時刻。

　　而上述的這些事項，即使到了小孩上小學之後，也請持續進行。

　　也許有的人不希望受時間的束縛，自由地育兒，但請注意，缺乏時間的概念，很可能養成鬆散的性格。理解時間之後，不僅能夠有計畫地行動，更能學會忍耐（必須忍耐到 3 點才能吃點心），結果就能夠使 EQ 提升。

RI的重點

□在日常生活與孩子的互動中加入時間，不僅能夠讓孩子儘早養成對時間的概念，還可以提升 EQ。

20 培養充滿疑問的小孩

　　前面已經敘述過有關早期教育的社會背景及弊害。在進入小學之前，只要注意這些事項，應該可以安心。現在，則和各位談談，幼兒時期的育兒，最應該重視的是什麼呢？

　　孩子小的時候，會不怕別人嘲笑地一直問各種問題。「這是什麼？為什麼？」等問句，經常出現在幼兒期至小學低年級小孩的口中，這可以說是好奇心旺盛的證據。隨著年齡的增長，活潑發問的兒童變少了。不過仍有些孩子，即使到了小學高年級，遇到自己不懂的事，仍舊不在意他人眼光地問：「為什麼是這樣呢？」

　　這類小孩不但自然養成思考事物的習慣，還對於各種事物充滿興趣，所以就算並非孜孜不倦的用功型學生，在校成績仍然優良。

　　另一方面，在課堂中什麼問題也沒有，光注意一些無關緊要的話，對書本幾乎不表關心的兒童也不少，這又是為什麼呢？

　　小孩在幼兒時期，均有強烈的求知慾及好奇心，腦海中充滿不可思議的事情。所以他們經常會問父母：「為什麼？」然而，隨著年齡的成長，有些小

孩逐漸失去了這種好奇心，真是可惜。擁有不可思議的念頭，也許可以解釋為「想解決什麼」的強烈主動意志。藉由反覆出現這種行為，使頭腦活潑化。心存疑問可使好奇心萌芽，一定可以培育出真正的能力 RI。

　　成績好的小學生，一有問題就會發問，要培育出這樣的孩子，則父母必須在幼兒提出問題時立即回答。不要說：「等一下！」

　　當他問：「獅子吃什麼？」的時候，回答他：「獅子吃肉。」就可以了。不需要深入地解釋：「獅子狩獵、捕捉馬、鹿……」因為這種感覺好像在教書一樣。當幼兒問：「以前是什麼時候？」的時候，你可以對他說：「10 年以前就是指離現在有 10 年的以前。」類似這種會話，可以使得小孩好奇心的嫩芽不致受阻礙。

　　好奇心旺盛的人，能夠自己啟開自己的道路。從各種傳記可知，在社會上成功的人，多半是好奇心旺盛的人。充滿疑問，就是具有想知道什麼的主動心情，這也是腦部活潑運作的證據。

RI 的重點

☐ 培養好奇心可使 EQ 提升，促進小孩的智能發育，使 RI 向上。

也教幼兒體會「學習的快樂」

　　熱衷早期教育的雙親，多半有要求立刻看見結果的傾向。一旦讓小孩學東西，就希望儘快看到成果。正如前面所提到的，即使不了解九九乘法的意義也無妨，只要會背誦就放心了，這可說是只在意結果的例子。這樣只會大量製造出重視分數的小孩而已。

　　機械化地教幼兒進行計算，則幼兒很可能在4、5歲就會流利地做加、減法，甚至注音符號、國字也學會了。

　　但是，由於不懂加減法真正的意義，所以始終體會不出數學的有趣面，而即使記住國字，如果不會活用，幼兒也體會不出閱讀的樂趣。

　　人對於做某件事及其行動過程感興趣的程度，更甚於對做此事的結果感興趣的程度。幼兒玩沙蓋城堡或是模仿商店老板玩家家酒等等，並不是為了要獲得大人的稱讚，更不是為了什麼酬勞（例如以點心為獎賞）。堆積木、玩知性玩具也是一樣，雙親也許只想到讓小孩「頭腦更好」，但是讓小孩感覺愉快的，是遊戲本身。

　　學習也是一樣。學習什麼、了解什麼，是因為

對行為本身產生愉快的感覺。喜歡畫圖的幼兒，並不是為了要展覽作品，而是對畫圖這件事感到愉快。我們很容易忽略了這件事。

讓小孩學這學那，極可能培育出凡事「為了什麼」而做，亦即要求結果（包含褒獎在內）的幼兒，為人父母者不得不慎。不以結果為目的，將重心擺在學習過程（經營）的育兒法，不但能使小孩了解「學習的樂趣」，更可以培養出體貼他人、情緒安定的小孩。只追求結果，的確能夠提升 IQ，但發現過程中樂趣所在的小孩，EQ 也能提升。當然，整體 RI 均提升了。

大家一起改變方法，從重視結果的競爭育兒法，轉變為沈著重視過程的育兒法吧！

RI 的重點

☐ 不要只重視結果，重視「途中經營過程」的育兒法，可以提升小孩的 RI。

第III章

提高語言能力的親子學習

提升ＲＩ的方法①

1 語言能力提升RI

在社會上成功的人，幾乎都具備良好的語言能力。語言能力不足，不但無法將自己的想法完整地傳達給對方，也無法完全了解對方的心意。

EQ七要素之一的意思疏通能力強，即可透過交流培養出協調性。

語言能力提升，是伸展EQ的捷徑。語詞豐富，並且能自由掌握、運用的話，則吸收各種知識的大器皿就會膨脹變大，IQ必可提升。

為了提升IQ及EQ，幼兒至兒童期這段期間，應該在提升語言能力方面下工夫。本章即具體教示從幼兒（3歲左右）開始，增進其語言能力的方法。

RI的重點

▶ 提升語言能力是伸展RI的最佳方法。

2 ▼ 唸書給他聽
[對象：幼兒～兒童]

　　唸書給幼兒聽，不但能讓孩子喜歡書籍，而且可增加許多類似的體驗，使知識更加豐富。而爲了培養想像力，則要持續地經常刺激頭腦，這對提升真正的能力 RI 很有助益。

　　真正的能力發達，是受語言能力所左右。在培養此能力的入門期，唸書給他聽最有效。

　　一開始讓他邊看故事書邊唸給他聽。這時不要像教書一樣，一心想要將許多的知識塡入小孩的腦袋裡。小孩只要邊聽故事邊覺得「有趣」，讓其頭腦進行各式各樣的幻想，那就夠了。

　　唸書給他聽的目的，是讓他很自然地記住語言的使用方法，並進行想像訓練。

　　唸書的時候，並不是親子面對面，而應該採取並排坐的姿勢。並排而坐的方式，能夠讓小孩與大人一起進入故事的世界，加強親子間的交流。

　　唸完幾本圖畫書之後，再進行適合一般幼兒的童話故事也不錯。如果小孩對於這類童話表示興趣，並且想要自己唸的時候，則建議父母要與孩子交互唸故事書。

　　一開始，他也許吱吱唔唔地說得不順，這時，

父母應該溫和地教他正確的說法。逐漸地，他會養成一個人也能看故事書的習慣。在幼兒及低年級時能夠了解讀書樂趣的孩子，其語言能力必可提升。

▶ 提高語言能力的第一步，是唸書給他聽。

讀書時要出聲
[對象：幼兒～兒童]

　　孩子也會想要自己看書，也許一開始他不會唸出聲，只是靜靜的看，但是這並沒有關係，不過到了某種程度以後，就必須請他唸出聲音了。

　　藉由聲音，不但能了解小孩是否唸得正確，也可以更深入地了解內容。

　　在使用到口的同時，也使用到眼、耳，比只是默唸更能活潑地刺激腦部，藉此語言能力必可提升。如果小孩覺得唸出聲音不好意思，那麼，光是動嘴唇也有效果。

　　但是，等他到了會認字、會讀文章的階段，就要讓他發出聲音來讀。年齡越低的孩子，越會大聲唸書，所以應該儘早養成出聲音讀書的習慣。但要避免強制性的要求。

RI 的重點

　▶ 對於喜歡的文章，讓小孩大聲讀出來。

4 會讀文章以後就要開始寫
［對象：兒童］

　　不能夠正確記住文章的孩子，或者無法流暢唸出文章的孩子，讓他抄文章得花很多的時間，而且一定常常寫錯字或漏字。

　　但是，當小孩唸文章唸到某種程度之後，父母要讓他照抄文章。正確地抄寫教科書或童話故事書等文章，對於記住正確的文章很有效。在孩子低年級時，請讓他一天抄寫一頁童話故事或教科書。

R I 的重點

▶ 讓小孩抄正確的文章，有助於提升語言能力。

5 讀過的內容用童話表示
［對象：幼兒～兒童］

　　這是閱讀完文章之後，再度確認是不是了解內容的重大作業。作業之一是寫心得，但在此之前，讓他畫圖也是確認內容的方法。

　　唸書給幼兒聽之後，讓小孩用彩色筆，自由地將腦海中所浮現的情景畫下來，不但可以豐富想像力，更可提升 EQ。讓小孩在讀完書後，閤上書本，畫出書中的內容，效果非常好。以下介紹實例，做為親子學習時的參考。

　　下面是出現在小學一年級教科書中的文章。

A｛
　　我們帶著小狗到動物園去。小狗高興極了，進了動物園，就跑來跑去的。東看看、西看看，看見一隻猴子在樹上吃香蕉，小狗跑到樹下，想要爬樹，小狗怎麼會爬樹啊！只好在樹下向樹上叫。

B｛
　　小猴子吃完了香蕉，就爬上爬下的，抓著樹枝盪過來盪過去，玩得很高興。

C｛
　　小狗又跑到小河邊，看見美麗的鵝媽媽帶著鵝寶寶游水。小狗不會游水，在河邊汪汪叫

└一陣，只好走開了。

D{ 動物園裡有一種最大的動物，就是大象。大象有一間大房子是牠的家，大象在牠的大房子裡，搖著一條長鼻子走來走去。看見遊客就把長鼻子伸出來，讓人給牠吃的東西。

E{ 小狗看見了，牠沒有什麼東西可以給大象吃的，只好對著大象又叫了幾聲，就跟著我們回家了。

　　這是很容易畫出圖畫的內容，如果讓小孩自由的發揮，應該能夠畫出生動有趣的圖畫。

　　各段落出現 A 至 E 的記號，代表小孩只要發揮想像力，就可以畫出生動的圖畫。就算畫得不好也沒有關係。讓小孩讀完文章後，針對浮現在心中的情景，自由做畫才是重點。

　　至於自己不會閱讀文章的幼兒，則請讀給他聽，之後讓他將所想像的表現在圖畫中。但是，必須注意，不要強迫 3 歲以下的幼兒，或討厭畫圖的小孩做畫。

　　如果有時間，請讓小孩畫 A～E 的場面。有些 5 歲以上的幼兒，可以做得不錯。

　　雖然文章內容是小學 1 年級的程度，但即使讓 2、3 年級學生進行印象訓練，也不見得能夠順利地進

行。盡量選擇童話來進行這種學習。

此處並未觸及主角的心情變化。讓小孩以主角的心情來讀童話故事，是相當重要的，只不過現在是以提高想像力、伸展 RI、了解畫圖的重要性為主要目標。主角的心情變化，最好是親子之間能以會話的方式來進行溝通討論。

RI 的重點

> ▶ 用圖畫來表現文章的練習，可以豐富小孩的想像力。藉由豐富的想像力，提升 RI。

6 讓孩子思考接下來的故事發展
［對象：兒童］

再來看看以下的這段故事。

「捉迷藏」
在森林中。
兔子們正在玩捉迷藏的遊戲。
「剪刀、石頭、布。」
「你們兩個再猜一次。」
「剪刀、石頭、布。」
最後由狐狸當鬼。
「一、二、三、四、五、六、七、八、九、十
。好了嗎？」
「還沒有好。」
狐狸又從一數到十。
「好了嗎？」
「好了。」
狐狸開始找大家。
一直找不到。
「對了！裝睡吧！也許大家看我睡著了就會出
來。」
但是，狐狸真的睡著了。

　　說完故事之後，讓小孩自由地思考接下來的情節，這對於伸展語言能力很有助益。不要限制規則，雖然故事中上場的人物（此處為動物）有兔子、狐狸、松鼠、猴子、狼等，但要再加入大象、熊或自己本身也無妨。讓小孩自己編故事。

　　想要充分了解「捉迷藏」之類的童話，則生活的豐富體驗很重要。沒有玩過「捉迷藏」這種團體遊戲的小孩，無法想像狐狸睡著之後，情節如何發展。而對於有遊戲經驗、到動物園看過兔子、狐狸等實際光景的小孩而言，應該就能夠了解那是什麼樣的場面。

　　思考情節發展，不僅需要各種的經驗，還需要想像力，藉此可以使頭腦靈活地運用。如果不了解主角或上場人物的心情，則即使 IQ 再高，也沒辦法編造接下來的情節。除了 IQ 以外，EQ 也是被要求的部分。

　　請各位務必要讓孩子練習創作故事接下來的情節，藉此提升 IQ、EQ 及 RI。當然，這時最好不要評論故事的內容。讓小孩自由地想像、思考，就算有什麼不合邏輯的部分，也不要太過於計較。

　　不必急著讓幼兒時期的小孩書寫，只要口頭會表達就足夠了。

　　小孩運用豐富的想像力（能夠想出大人所想不到的事情，這才是小孩），將故事接續下去，就算在

大人的眼裡看來是屬於荒誕無稽的內容，也請予以認同並鼓勵。

仔細聆聽小孩的創作，並且在適當時機提出問題：「後來狐狸怎麼了？」這樣會讓小孩更熱衷於創作。

小學 1 年級以上的孩子，除了讓他接續簡單的文章以外，也要讓他畫圖。這時候也不必太計較，最好以培養想像力為首要目的。習慣了之後，再指出其文章錯誤的部分及錯字。

使用格子稍微大一點的筆記本，讓小孩將所想的盡量寫上去，寫完之後唸唸看，並且再修正，效果應該不錯。

RI的重點

▶ 思考連接故事，必須具備想像力及了解主角的心情。如此即可提升 IQ 及 EQ。

7 畫日記及寫日記
[對象：幼兒～兒童]

　　將每天的生活用日記的方式寫下來，就可以提升語言能力。一開始，請小孩就每天所發生的事情中，最快樂或最悲傷的部份寫下來。

　　即使只有短短的 1、2 行也沒有關係。不喜歡寫文章，那麼採用畫日記的方式亦可。但如果寫日記成爲一種痛苦的負擔，則不必每天寫也可以。

　　一週寫個 2、3 次，只要持續下去就好。隨著年齡的增長，文章增長、圖畫部分變少。

R I 的重點

　▶ 在寫文章之前，讓小孩用畫圖記日記，那麼小孩就會變得喜歡寫字。

▼8 寫 作 文

　　要寫出一篇好的文章，除了國語學力之外，還需要理論性的思考能力。要寫出「因為○○，所以我很快樂」、「因為○○人做了××，所以我很生氣」的文章，必須擁有相當的語言能力及思考力。

　　為什麼要求寫日記或畫日記呢？因為人在寫作的時候，思緒會逐漸集中，將所想的一點一滴地表現在文章中。

　　能自由地將思緒付諸文字表達出來，不但世界更寬廣，快樂也更增加。一定要在小學中年級之前，讓小孩體驗寫作的樂趣。

　　不論寫什麼，都是相當用腦的作業。也許可以說是最能夠刺激腦部的行為。文章越寫，頭腦就轉得越快，而且還可培養思考力，提高語言能力。能夠表達自己的思想，寫出好文章的小孩，其他學科的成績也都應該不錯。

　　除了 IQ 以外，如果也想提升 EQ 或 RI，那麼請讓小孩練習用文章表現自己的思緒。與其讓他看好幾本參考書或寫測驗卷，不如一個星期給他 1 到 2 張 400 字的稿紙，讓他寫作文，效果更佳。

　　作文好的小孩，較能夠依序思考事理，體會對

方的心情。當然，必定能夠成爲有計畫性、協調性的小孩，EQ 自然也高。讓小孩從小學起就喜歡作文，對於提高 EQ、伸展 RI，絕對有益無害。

對於小孩所寫的文章，不需要刪減亦可，但一定要唸出來共同分享。這種親子學習，能夠加強親子間的交流，讓小孩的情緒安定，發育健全。

RI的重點

▶ 寫作能夠培養計畫性、協調性，更能夠提升語言能力，使 RI 進步。

9 增進文章能力的練習法

　　在此介紹會讀某種程度文字的幼兒、兒童，其記住正確文章的練習方法。

　　下面是童話「大蕪菁」中的開頭部分。

「大蕪菁」

　爺爺　播種了　蕪菁的　種子。

　「長成　好甜　好甜的　蕪菁。

　長成　好大　好大的　蕪菁。」

　長成　好甜　好堅挺　大得　令人吃驚的　蕪菁。

　　這是將文章的每個語詞、每個意義分開的寫法。語和語、節和節之間分開，便於閱讀。利用這種寫法，變化單字（文節）的排列順序，就能夠讓小孩練習寫出正確的文章。

　　☆變換成以下的排列順序，重新組合。

　(1)

　　　蕪菁的　播種了　爺爺　種子

(2)

> 好堅挺　令人吃驚的
> 長成　大得
> 好甜　蕪菁

　　只是一小段文章，即可做出 2 道題目。像這樣，將單字或語詞拆散，重新排列成正確意義的文章的作業，不但能夠讓小孩記住正確的文章，更能夠運用頭腦，提升語言能力。由父母出題目，製造親子學習的機會，不但能夠使小孩的精神安定，更可提升 EQ。

　　以下提示第(1)、(2)題的答案供各位參考，但請注意，答案未必只有一個。

(1)的解答例

①爺爺　播種了　蕪菁的　種子。

②蕪菁的　種子　爺爺　播種了。

(2)的解答例

①長成　好甜　好堅挺　大得　令人吃驚的蕪菁。

②長成　大得　令人吃驚　好甜　好堅挺的蕪菁。

　　（註）　第(1)題②的答案並非十分妥當，嚴格說起來，句子有點奇怪，但幼兒或小學低年級的學生，可以容許這種範圍的正確答案。

這種排列練習，直到小學中年級都很有效果，請從教科書或童話故事中挑選出適當的文章。習慣之後，再增加文章的長度來練習。

R I 的重點

▶ 練習組合正確的文章，可以提高語言能力。
　父母可自行出題給小孩做。

10 讀各種內容的書

唸給小孩聽，或讓小孩唸的書，不限於童話。動物、昆蟲、植物等圖鑑也可以。若是小學生，謎語書也不錯。

閱讀能力佳的孩子，讓他讀傳記也很好，不必執著於世界名著。只要小孩表現出興趣，就盡量讀給他聽，讓他讀。

在小學低年級的階段，也可以活用漫畫系列，使語言能力提升，學習各種知識。只要內容有助於小孩的精神發育、情緒安定，即使是字不多的漫畫也無妨，應該要有效地利用。

接著，簡單說明選書的方法。

如前所述，父母不要太過拘泥於小時候的印象來為小孩選書。

更不要計較是不是○○名著。

如果父母從小就唸書給小孩聽，就一定了解自己的孩子對哪一種書特別有興趣。如果不太了解，則建議各位一個月要陪孩子逛一次書店。當然，圖書館亦可。

雖說是親子一起選書，但首先還是要讓小孩自由選擇自己想看的書。只要內容不是太困難，父母

就要買或借給小孩讀。通常幼兒或兒童想讀的書，應該不至於太困難，請盡量尊重孩子的意思，不必完全配合父母。

RI 的重點

▶ 選書不必拘泥名著全集，讓孩子從小就閱讀各式各樣內容的書。

第IV章

數學的親子學習

伸展ＲＩ的方法②

藉著掌握事物的構造及原理來伸展 RI

現在公開不僅能夠提升 IQ，更能啟發 EQ，使 RI 提升的數學學習法。在促進語言能力發育的同時，也一定要培養理論的思考力。而藉由數學的學習，能夠使兩者的發育達到平衡。

在此並非要父母塞入知識性的東西給小孩，而是介紹重視「為什麼會這樣」的學習方法。

在講究過程，「了解」事物的結構後，不但能夠對自己產生信心，更能夠進一步地啟發對各種事物的好奇心，對於提升 EQ 有所助益。藉由想了解事物結構的行為，養成認真思考的習慣，一定能期待精神安定的發育。

不要只重視結果，將生活體驗完全加進數學當中的學習方法，可伸展小孩的 IQ 及 EQ。

此外，關於 IQ+EQ=RI(Real Intelligence)等式中的 RI，本書的定義是「藉由伸展 IQ 及 EQ，培養出對社會有幫助的真正能力之指標」。

提升數學RＩ的五個重點

1 ——禁止填鴨式

很多母親只會單方向地教小孩「這個和這個變成那個」,但請等一等,不要一次塞太多東西給小孩。「教」和「塞」是不同的,請不要採取單向的教法。

教的要領就像接球一樣。換句話說,當母親提出問題時,要等待小孩回答,這是非常重要的。即使小孩回答錯誤,也不要立即說:「答案是○○!」而應該提出提示,請小孩再仔細地想一次。在充裕的時間中進行親子學習是很重要的。

2 ——教他「了解」

「會」和「了解」不同。

出應用題給小孩做的時候,有些小孩只會寫答案。而一般父母也認為,只要答案對了,即表示小孩「會」了。但因為沒有算式,所以不知道他是在怎麼樣的想法下解題。

相信每位母親都了解,重要的是孩子如何思考。針對應用題,會列算式,並寫出答案,才可說是

「了解」，也「會」這道題目。然而，只「會」寫答案，卻「不了解」做法的小孩也不少，請注意。

不會解加法、減法混合計算的應用題的孩子，多半是不了解這些計算的意義。請教他「為什麼是用加法」、「為什麼是用減法」。藉此可提升小孩的 EQ，使小孩的好奇心得到滿足，培育出創造力豐富的孩子來。

‖ 3──媽媽要有耐心

如果孩子回答 12－2 的答案是 1，你會怎麼樣？相信不少母親會說：「又不寫 0 了，1 和 10 是不一樣的。」但這時請多加忍耐。如果你承認自己的小孩是經常出小差錯的天才，那麼，你就應該多花點時間。

在小孩出現錯誤時，仔細聽他說出會這麼回答的理由，這一點很重要。如果媽媽耐心不足，則小孩就只會回答，而缺乏興趣，這會導致揠苗助長的結果（或許可說是切斷了 EQ 伸展的幼苗）。

‖ 4──不可以說「這是○○法」

「小美有 12 個蘋果，小健有 15 個蘋果。誰比誰多幾個？」當小孩聽到這個題目時，會如何回答呢？

如果媽媽說：「仔細看題目，這不是減法嗎？」那麼，小孩便會毫不思考地說：「因爲媽媽說是減法，所以 15－12＝3，答案是 3 個。」

也許小孩並不了解爲什麼要用減法，所以母親不可一開始就告知「要用減法」。否則小孩永遠不了解減法的意義，如此一來，就無法培育出深入思考的小孩。

在教導低年級小孩數學的時候，不可直接說出大人所認定的答案。

5──從算式到應用題

覺得教科書教材不夠的母親，會買參考書或測驗卷讓小孩做。

爲小孩買學習參考書並無不可，但是在這之前，應該讓孩子多加利用教科書。等教科書的教材全部融會貫通後，再從算式變化成立應用題做做看。這樣才可以培養出豐富的想像力及創造性。加法的場合，給小孩「2＋3」的算式，然後再讓小孩配合這個算式出應用題。例如「電線上有 2 隻鳥，又飛來 3 隻鳥，現在共有幾隻鳥？」或「小君有 3 個糖果，媽媽再給她 2 個糖果，小君共有幾個糖果？」。如果小孩不喜歡寫字，則讓他畫圖也可以。「2×3」、「6÷2」都只是算式而已，要讓小孩體驗配合算式出各種應用題的樂趣。

▼2 入門期的數學教法

▍1 ——相同集合

學數學的第一步，就是掌握住以物為量的觀念。掌握以物為量的出發點，也就是指相同的集合，學會這個概念之後，不論什麼東西都會數 1 個、2 個，這才算是真正了解數字的意義。換言之，即擁有物中有量的概念。

量可區別為分離量及連續量。分離量是像蘋果、貓之類，數 1 個（1 隻）、2 個（2 隻）後，無法再細分的量。而連續量則如重量（1kg 等等）、長度（1m 等等）之類，可以再細分而無法數 1 個、2 個的量。在數學入門期的相同集合中，所學習的就是分離量，別弄錯了。

相同的集合，最重要的，是以什麼為基準的集合。例如在眾多的水果中，讓小孩找出蘋果集合、柿子集合、橘子集合等等。如果在此集合中加入狗，則一定要讓小孩發現這樣子很奇怪。

接下來，以柿子為例，在柿子集合中加入蘋果，讓小孩了解這就不是柿子集合了。

像這樣，以某物為基準，不斷地變化各種集合。

寫到這裡，我想各位應該已經了解如何使小孩喜歡數學了吧！了解這種相同的集合，對於往後學習數學，是很重要的事。但不能光靠紙上學習。換言之，讓孩子盡情在外遊玩，很自然的就能夠學會水果、植物、昆蟲、鳥、動物等等集合的區別。此外，常玩撲克牌等遊戲，也有助於小孩懂得集合的區別。學習這種集合的區別，比學習從 1 數到 100 更為重要。經常與雙親一起遊戲或經常到外面玩的孩子，生活體驗豐富，會比較喜歡數學。

‖ 2——1 對 1 對應
比較量的大小

　　提到 1 對 1 對應，許多母親一定會聯想到國中、高中所學習到的集合，那不是很難嗎？放心，沒有那麼複雜。想要讓小孩了解哪一方的量多？哪一方的量少，最佳的方法就是 1 對 1 對應。

　　橘子和盤子，哪一方多？

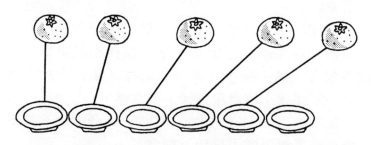

　　像這種問題，一般大人或小學 2 年級以上的孩

子，通常是分別數過數量之後，再從數字的大小比多少（橘子5個、盤子6個、6－5，盤子多1個）。

　　但在孩子尚未了解數的意義時，請讓幼兒學習1對1的對應比較。1對1以線連接之後，知道盤子剩1個，所以了解盤子多出1個。另外，也要讓他知道若要將橘子放在盤子上，則多了一個盤子。如果不採取1對1的對應方式，則往往因為橘子的寬度比盤子大，所以許多小孩會回答橘子多。比較橘子、盤子不同種類的集合之後，接著也讓小孩比較相同種類的集合。

　　例如以下問題，用圖表示如下：

真真的陀螺和強強的陀螺相比，哪一個人的陀螺比較多？

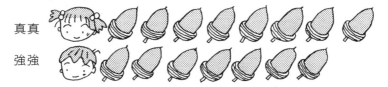

　　熟悉了相同集合的比較之後，接著最好也學習非具體物（撲克牌等等）的比較。

上與下哪一方的撲克牌較多？

經過這些程序之後，再開始讓孩子比較數字的大小。如此一來，1和3何者比較大（多）的問題，才具有意義。

用這種方式教導小孩數（數字）中有量的觀念，他馬上就能夠了解加法、減法的意義了。

3——數有二種意義
數代表量也代表順序

各位是否知道，數具有二種意義呢？3這個數字，可以說 3 個橘子、3 個蘋果、3 個飯糰、3 隻鳥……等，表示東西的量。

另外，還有一種意義，例如在賽跑當中第 3 位到達時，代表第 3 名。

總而言之，一定要讓孩子知道 3 這個數字，既可表示量，也可表示順序。

很多父母會讓小孩在洗澡時從 1 唸到 100，這裡必須要提醒的是，往往小孩會背誦數的順序（此稱為數數主義）之後，便不知道數的另一個意義了。

換言之，如果不充分了解數中有量的意義，那麼即使只記住順序，也毫無意義可言。

所以，在讓小孩思考數的時候，一定要讓他想到數與量的關係。

為了讓小孩記住順序與量的關係，可以使用以下的方塊方法。

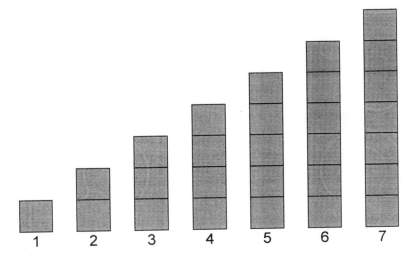

　依序數到 3 的地方，既代表有 3 個方塊，也代表第 3。此外，也可以清楚地得知，它比 2 多 1、比 4 少 1。最初要區別第 3 及 3 個，也許有些困難，但可以利用 1 年的時間，教導小孩了解數中有量。

　如果光是教小孩數數，那麼以後他將不了解加法、減法（乘法、除法）的意義，不可不慎。光是會機械性的計算，不懂得應用題的孩子，多半是不了解數中有量的意義。遊戲經驗豐富的小孩，能夠較早了解數中有量的道理。經常和眾人一起玩遊戲、生活體驗豐富的孩子，其 EQ 高，數學也強，所以讓小孩玩撲克牌，倒是不錯的方法。

‖‖ 4 —— 哪一方多
學會大小的區別

了解量與順序之後，接著必須學習 2 與 3 何者為多。之前是上、下排列的比較，孩子容易了解，但必須學習在任何狀況之下都會比較、區別大小。

　　首先，比較具體物。

■　問題　■

　　小葵有 3 枝鉛筆，艾咪有 2 枝鉛筆，誰比較多？

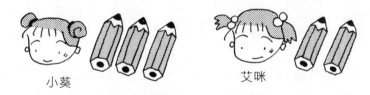

小葵　　　　　　　　　　　　　艾咪

　　遇到這種問題，以畫圖方式比較小葵與艾咪的鉛筆。這時，只要知道小葵比較多就好了。不只鉛筆、蘋果、橘子、彈珠、汽車、飛機等等，可數的分離量均可，讓小孩畫出來之後再比較。

　　接著，使用方塊等半具體物，讓小孩了解數的大小。

小葵　　　　　　　艾咪

　　畫如上的圖，讓小孩判斷左、右哪一方多。除了方塊之外，也請利用身邊的各種遊戲道具，例如撲克牌、積木等等反覆進行練習。

學會以上具體物的比較之後，接著學習抽象物的比較，亦即數字。口頭上或寫在紙上問：「3 與 2 哪一方大（多）？」進行學習。

最後必須學會只利用數字來區別大小。依照具體物→半具體物→數字的階段循序漸進，如此小孩比較容易了解。

數字限定為 0、1、2、3、4、5、6、7、8、9。

■ 提升 RI 的問題 ■

下面的方塊，多的打○。

(3)　　　（　　　　）

(2)　　　（　　　　）

答：(3)的一方打○

5 —— 1 位數的加法
合起來、總共稱為加法

二種以上物品合起來（集合），計算總共為多少的方法，就是加法（加法有二種意義，詳細內容請參考下一項目）。

如下頁圖所示，左邊盤子內有 3 個柿子、右邊盤子內有 2 個柿子，計算二盤合在一起（總共）有多少個柿子的方法，就是加法。

總共有幾個柿子？

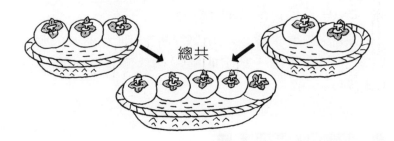

總共

　　這是不必進位的 1 位數算法。從上面的圖中，孩子能夠立即了解什麼樣的場合要用加法。準備孩子喜歡的可數之物（只要分離量均可），如蘋果、橘子等，親子一起在遊戲中學習。

　　接著用火柴棒、彈珠玩遊戲也不錯。例如，媽媽右手拿 3 個彈珠、左手拿 2 個彈珠，試著問小孩：「總共有幾個彈珠？」

　　然後，在筆記簿上畫方塊圖，讓小孩思考。從現在開始教「＋」（加法符號）也可以。

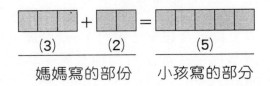

(3)　　　　　(2)　　　　　　(5)

媽媽寫的部份　　小孩寫的部分

　　習慣這種方塊圖之後，再用數字練習，如此小孩就容易了解加法的意義了。若光是進行 3＋2＝5 的數字操作，則容易流於只記住機械性的計算。所

以，讓小孩知道加法即量的增加，這一點很重要。

6 ──加法的意義(1)⋯⋯合併
「Ａ與Ｂ合起來」的計算

加法的意義，有合併與添加（增加）二種，這裡是針對合併來思考。

合併的加法是，「有Ａ與Ｂ。Ａ與Ｂ合起來是多少」的問題。好像有一點抽象，但只要讀了以下的問題，就可以明瞭了。

小莉有 2 個蛋糕，小雅有 3 個蛋糕，兩個人合起來共有幾個蛋糕？

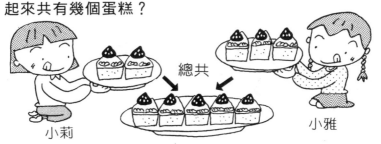

此問題用圖表示如上。

合併就是移動蛋糕讓雙方合在一起。孩子應該很容易了解。加法的基本意義，就是合併，最初請多練習這種型式的加法。父母們要明白，只靠 1＋2 或 3＋4 等數字計算，不可能讓小孩了解加法的意義。

從幼兒時期開始，即計算「1＋2＝？2＋3＝？3＋4＝？」這種機械化式子的小孩要注意了。即使他們寫出 3、5、7 等正確的答案，也根本不了解加

法的意義。不要在只有數字的世界中計算，應該盡量在觸手可及的物品中體驗增加或減少，這一點非常重要。蘋果、橘子、栗子、彈珠、撲克牌……都可以製造各種合併的加法應用。

■ **提升 RI 的問題** ■

讓小孩自己出適合 3＋5 算式的合併應用題。

■ **解答例** ■

「小智撿到 3 個栗子、小咪撿到 5 個栗子。他們共撿到幾個栗子？」

７──加法的意義⑵……添加
「在Ａ中加入Ｂ則……」的計算

現在來討論加法的另一種意義，添加（增加）。

添加，就是再多加進去的意思。「有Ａ，在Ａ中加入 Ｂ，則全部有多少」的問題。例如「有 2 隻狗在遊玩，又來了 3 隻狗（表示新加入），總共有幾隻狗？」

像這樣，不只是合起來，再添加進去，也是加法計算的意義，必須讓孩子知道。不要馬上用數字計算，要從具體的場合開始教。換言之，先從應用題教起，不要認為加法簡單，就只用數字來教小孩計算。

有 2 隻狗在遊玩，後來又來了 3 隻狗，總共有幾隻狗？

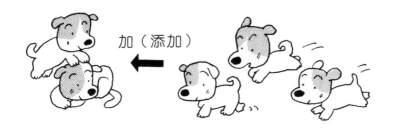

加（添加）

答：5 隻

不但會合併、添加的計算，也了解結果是量的增加之後，再教小孩使用「＋」的加法符號。

在添加部分請多下工夫。添加，必須伴隨動作，與其使用靜物，不如使用動物出問題才是訣竅。請畫圖或是利用道具，親子一起學習。

■ 提升 RI 的問題 ■

電線上有 4 隻麻雀，接著又飛來 2 隻，總共有幾隻麻雀？

①首先讓小孩畫圖。

②接著讓小孩寫出算式。（4＋2）

③讓小孩計算。（4＋2＝6）

8———2 位數的結構
教導小孩進位的結構

　　10，這個符號，對小孩而言是不可思議的數字，以前都是「1 個」蘋果寫 1、「2 個」寫 2、「3 個」寫 3，每 1 個量都與 1 個數字對應。然而，一到「10 個」，就沒有對應的新符號了。「10」這個量是由 1 與 0 組合成「10」，與之前所學習的 0 到 9 的數字的樣子完全不同。10 這個數字，最初有些 1 年級的孩子會讀成「壹拾」，這是可以被理解與認同的。

　　要小孩數 2 位數的數字，一定要讓他了解進位的結構。不可強制性地說明「拾」就是用 1 和 0 合起來代表 10。要教導小孩個位什麼也沒有，所以寫 0，十位有，所以寫 1。

　　使用方塊來教 2 位數也很方便，請看下圖。

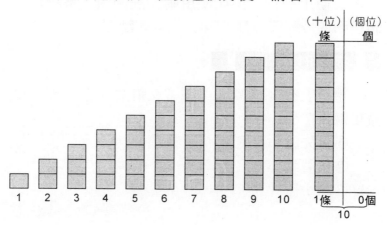

10 個方塊當 1 條，十位處寫 1 條方塊。因為個位數沒有方塊，所以寫 0，不可以忘記。對於空無一物的場合，要小孩寫 0 並不容易。所以要耐心地教導小孩，0 就是代表什麼也沒有的數字（或符號）。

　　12、20、25 等數的方塊，表示如下圖。

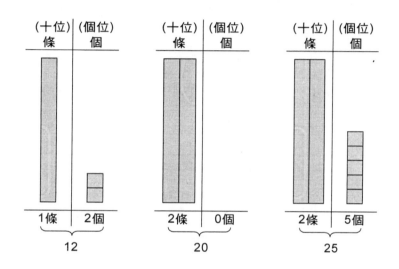

　　往後經常會使用到這種方塊，先用圖畫紙做 100 個 2cm 左右的正方形（到建材行買正方形方塊 100 個也可以）。

　　（注意）如果孩子不了解數中有量的概念，就很難了解進位的結構。上小學之前的小孩，尚未學會量的概念，所以不要勉強教導他。

9──使用方塊的理由
利於掌握數中有量

　　也許有的人會感到疑惑，爲什麼本書中一直出現方塊呢？現在就來敘述其理由吧！

　　各位應該都已經了解，學習數的時候，最重要的就是在入門期用量來思考。數各具有它的量，表示量的多少就用 1 或 5、12 等數字。若要掌握數中有量，則依照下面的順序來思考最爲理想。

　　具體物→半具體物（可以簡單重新排列組合之物）→數字（抽象的符號）

　　以 3 爲例，要掌握這些關係，其表現如下：

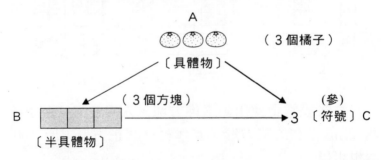

　　與其直接從 A 思考 C，不如依 A→B→C 的順序來思考比較容易了解。例如有 20 個橘子，因爲其數量很大，如果將其代換成 20 個方塊，則操作起來就方便多了。

　　如此一來，20 這個數的量便印在腦海中。數少

的時候，只要用具體物來思考就夠了，但是數多的時候，用方塊來思考比較合理，尤其在表現進位的結構上很方便。

目前，要掌握數字中的量，並且可以自由排列組合的，除了方塊以外，找不到更好的代替品。在必須說明更大的數時，使用方塊非常方便，所以從入門期開始，就應該要讓孩子習慣使用方塊。

‖10──數的合成與分解
進位、退位的準備

現在來學習合成與分解。

請先有個觀念，合成與分解，是有進位的加法與有退位的減法混合。「2 和多少合起來是 5」，這種問題稱為合成。另外，分解是將 10 分為 9 和 1、8 和 2 這種數的分割之意。

9＋3 的計算，首先將 3 分為 2 和 1，接著 9 和 1 合成為 10 這個數，再和剩下的 2 合成，求出答案為 12。

13－4 的減法，首先將 13 分解為 10 和 3，再用 10 減 4。10 可以分解為 6 和 4，所以 10 減去 4 為 6。6 和 3 合成求出答案 9。

無法正確掌握這種合成與分解，就無法順利地計算進位及退位，所以請反覆練習。尤其是 10，在進位、退位的計算中經常用到，非常重要。

共有以下 9 種，請一邊操作方塊，一邊練習至記住爲止。

$$10 \langle \begin{matrix} 9 \\ 1 \end{matrix} \quad 10 \langle \begin{matrix} 8 \\ 2 \end{matrix} \quad 10 \langle \begin{matrix} 7 \\ 3 \end{matrix} \quad 10 \langle \begin{matrix} 6 \\ 4 \end{matrix} \quad 10 \langle \begin{matrix} 5 \\ 5 \end{matrix}$$

$$10 \langle \begin{matrix} 4 \\ 6 \end{matrix} \quad 10 \langle \begin{matrix} 3 \\ 7 \end{matrix} \quad 10 \langle \begin{matrix} 2 \\ 8 \end{matrix} \quad 10 \langle \begin{matrix} 1 \\ 9 \end{matrix}$$

（**注意**） $10 \langle \begin{matrix} 9 \\ 1 \end{matrix}$ 和 $10 \langle \begin{matrix} 1 \\ 9 \end{matrix}$ 看起來一樣，但

$$10 \langle \begin{matrix} 9 \\ 1 \end{matrix}$$ 是「9 再加多少是 10」

$$10 \langle \begin{matrix} 1 \\ 9 \end{matrix}$$ 是「1 再加多少是 10」的問題

，必須清楚區分。

‖ 11 —— 1 位數減法
減法的基本意義

　　在此首先思考減法是什麼？正如加法有二種意義一樣，減法也大抵分爲二種意義，此區別將於下

一節詳細介紹。在此以教導減法時應該注意的事項為主題來加以探討。

從某物（集合）中拿走一些的行為，稱為「減法」。拿走就是減，這是減法的基本想法。在一開始學習時附上動作，比較容易理解。

「有 5 個巧克力，小華吃掉 2 個，還剩下幾個？」

讀完這個問題後，透過吃的動作，實際感受到巧克力減少 2 個。

在這種減法的場合，母親製造具體的場面讓小孩了解是很重要的。不要一下子就讓他計算 5－2＝3。最後多利用具體的物品（蘋果、香蕉、積木、撲克牌……），親子之間邊玩邊練習。教導他拿走之後剩下多少是用「減法」，剩下的一定比原來的少，讓他用眼睛看、用手摸。這時教導他使用「－」號，讀成「減」。

接著，在筆記上畫出方塊來進行練習。

學會方塊的減法後，減數以數字代換，

讓他寫出方塊與數字混合的算式。充分理解之後，再讓他做測驗卷中常出現的只有數字 5－2＝3 等的計算。

用方塊回答。

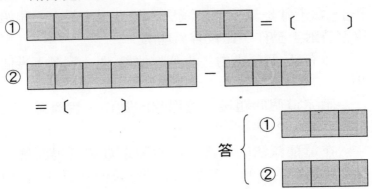

答 { ① ② }

12 ── 減法的意義⑴……求餘數
求餘數的計算

　　減法的意義分為二種，求餘數及差數。求餘數就是求「剩下多少」的減法，求差數是求「不同（相差）」。先想想求餘數。

　　求餘數及求差數之語詞，沒有必要教導小孩，只要教導的一方了解就夠了。

　　「電線上有 5 隻麻雀，飛走了 2 隻，還剩下幾隻？」

　　這和加法中添加的問題正好相反。

　　和加法一樣，減法也要製造會動的具體場面，

讓孩子更容易了解。一開始，最好以求餘數爲中心來教導小孩。等小孩會解動態的求餘數的問題之後，再來思考不會動的求差數的問題。

前述麻雀的問題，畫出飛走的圖案後，應該立即就知道剩下幾隻。即使不動的東西，只要下工夫，就會成爲會動的東西，非常有效。

■ 問題 ■

籃子內有 8 個栗子，艾咪吃了 3 個，還剩下幾個？

出這種問題時，不妨利用圖畫，讓小孩了解拿走 3 個的動作。

利用各種物品練習減法時，最好在筆記上畫圖，讓小孩親自確定，並且注意到，剩下的數比原來的數少。（0 的場合則無變化）。

■ 提升 RI 的問題 ■

使用 8－5 的算式，讓小孩製作求餘數的應用題。

里惠有 8 個栗子，給小貞 5 個，還剩下幾個？

13 ──減法的意義⑵……求差數
求相差的計算

其次，說明減法的另一個意義。

在減法當中，不伴隨動作的求差，對小孩而言，有其難了解的一面。但只要畫圖讓小孩思考，應該就不難明白，所以給予各種應用問題很重要。

求差數的減法，一般是「小華有 7 個栗子，小美有 8 個栗子，哪一個人多？多幾個？」特徵在於最後的「多（少）幾個」或「相差幾個」。

■ 問題 ■

小華有 7 個栗子，小美有 8 個栗子，哪一個人的栗子多？多幾個？

答：小美多 1 個

相差就是求「差數」的問題，問小孩相差多少，或哪一方多多少。這個問題因為沒有拿走的動作，所以與求餘數的思考方式不同。如果求差數的減法也用圖畫表示，則小孩比較容易了解。

先前栗子的圖，首先上下對應，得知小美多 1 個。然後再教導小孩用「8－7＝1」的算式來求出答案。如果一開始就教導小孩「這是 8－7 的減法」，那麼，小孩只會模仿而已，無法理解減法真正的意義。

■ 提升 RI 的問題 ■

小華有 8 個彈珠，小美有 5 個彈珠。
誰的彈珠多？多幾個？
①首先讓小孩畫圖。
②讓小孩使用方塊畫圖。

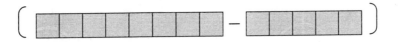

③請他寫出算式。（8－5）
④進行計算。（8－5＝3）

14 ——有進位的 1 位數加法
進位加法

在教導小孩有進位的加法之前，應該先確定小孩是否了解進位。充分指導小孩進位的觀念之後，再教導他有進位的加法。

例如 9＋4 的計算，請依下列順序來教導。

① 4 分解爲 3 和 1→4＝3＋1

② 9 分解之後的 1 合成爲 10→9＋1＝10

③因爲 1 給了 9，所以必須從 4 減 1→4–1＝3

④ 10 和 3 合成→10＋3＝13

全部 4 個步驟，請注意③的地方用減法。換言之，要學習有進位的加法之前，非得先學會減法不可。然後用方塊計算 9＋4，如下圖所示，被加數 9 個方塊與 1 個方塊合成 1 條，重點在於個位數的方

■9＋4 的計算思考方法

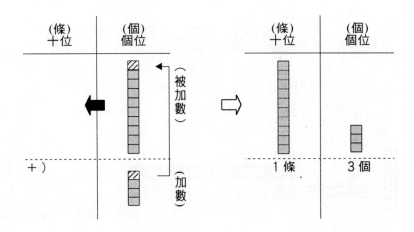

塊變成 3 個。讓小孩模仿此圖來操作方塊，即可了解進位的結構。

10 個方塊成為 1 條之後，就必須往十位數移動，13 這個數代表 1 條方塊與 3 個方塊，也就是 13 個方塊。此外，1 條的「1」與 3 個的「3」表示 13 這個數字。這些都必須讓小孩充分理解。

■ 提升 RI 的問題 ■

使用 8＋7 的算式，讓小孩做合併與添加二種意義的應用題。

■ 解答例 ■

①合併……佳佳有 8 個彈珠，明明有 7 個彈珠，二人共有多少個彈珠？

②添加……8 個人在玩躲避球，後來又加入 7 個人，現在共有多少人？

15 ── 有退位的減法
退位 1 次的減法

和有進位的加法一樣，關於有退位的減法，也必須要了解十進位。這時，利用方塊仍是最佳方法。

例如 12－6，請依下列的順序來操作。

① 12 分解為 10 和 2→12＝10＋2
② 10 減 6→10－6＝4

（讓小孩思考 10 分解為 6 和 4）

③剩下的 4 和 2 相加→4＋2＝6

　　減法也像③一樣，在思考途中得用到加法。有時候，小孩不會把 12 分解為 10 和 2，這就是不了解十進位的結構的證據，請重新複習 2 位數。

　　12－6 的計算，利用方塊的方式如下。讓小孩模仿此圖反覆練習。

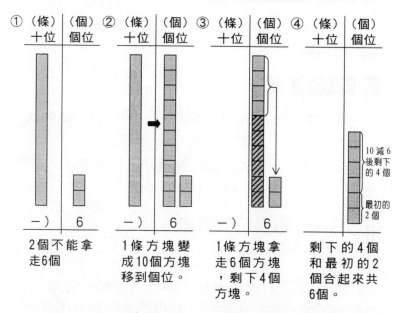

①（條）十位	（個）個位	②（條）十位	（個）個位	③（條）十位	（個）個位	④（條）十位	（個）個位
－）	6	－）	6	－）	6		
2個不能拿走6個		1條方塊變成10個方塊移到個位。		1條方塊拿走6個方塊，剩下4個方塊。		剩下的4個和最初的2個合起來共6個。	

10 減 6 後剩下的 4 個

最初的 2 個

　　此外，也有一些母親會利用下列的方式來教導小孩 12－6。「因為要減去 6，所以先減去 12 中的 2，亦即 6－2＝4。另外，再用 10 減去不足的部分 4，10－4＝6，答案為 6。」

以算式表示，就變成「2－6＝－4，10＋(－4)＝6」的思考方式。對於尚未有負數概念的幼兒及兒童而言，這太過於困難了。

■ 提升 RI 的問題 ■

里惠吃了 15 個花生，健明吃了 9 個花生，誰吃得多？多多少？

①先讓小孩畫圖。

②接著列算式。(15－9)

③進行計算。(15－9＝6)

16 —— 12－6－4 的計算
連減 2 次的計算

這種計算，在算術入門期中是屬於困難度較高的部分，必須仔細、耐心地教導。

也有人是這麼教的，「12－6－4 的計算，依照順序來做，就是 12－6＝6、6－4＝2，答案是 2。」想必大多數的讀者會採用此法。但是這種方法，小孩無法了解爲什麼要先用 12－6。

有的小孩會先算 6－4＝2，接著再算 12－2＝10，這並不值得大驚小怪的。

那麼，要如何才能夠讓孩子了解呢？我想最好的方法就是畫圖。如果能夠在頭腦中描繪出這種場面，那麼小孩很自然地就會計算 12－6－4。

以 12－6－4 的算式爲例，下列的題目如果用圖

加以說明，則量的變化一目瞭然，每個孩子都能夠了解。

■ 問題 ■

　　本來有 12 個糖果，小惠拿走 6 個，小新又拿走 4 個，還剩下多少個？

小新　　　　　　　　　　　　　　　　　　小惠

　　看圖即知應該先 12 減 6，再減 4。
　　了解前後 2 次拿的作業（移動）順序，自然就懂得 12－6－4 的計算了。
　　也可以彈珠、撲克牌來取代糖果，實際拿走 2 次，小孩應該能夠立即了解。就好像玩遊戲一樣，親子要反覆多練習幾次。

■ 提升 RI 的問題 ■

　　請孩子出適合 15－8－3 的算式的應用題。

■ 解答例 ■

「有 15 個栗子，東東拿走 8 個、蓓蓓拿走 3 個，還剩下多少個？」

17 ── 12 － 5 ＋ 3 的計算
加減混合計算

這種計算對小學低年級的孩子而言，也許是最困難的。是正確解答率最低的計算題之一。

此計算最常犯的錯誤是，5 ＋ 3 ＝ 8、12 － 8 ＝ 4。如果小孩先算 5 ＋ 3，再用 12 去減先前算出的答案，則媽媽們也先別慌。

12 － 5 ＋ 3 的算式當中，有 1 次減法、1 次加法，所以低年級的小孩當然不知道答案到底會比原數增加或減少。他們只記得，加法就是增加，減法就是減少，怎麼會出現這種不清楚的題目呢？

在這種計算的場合，設定移動的場面很重要。可嘗試將此算式做成應用。

「公車上有 12 個人，靠站停車時，下去 5 個人，上來 3 個人，公車上現在有幾個人？」利用這種應用題，馬上可以從人數的移動中了解減 5 人，加 3 人。

如此說明，小孩就知道 12 － 5 ＋ 3，必須依照順序來計算。

■ **提升 RI 的問題** ■

有 12 個人在玩跳繩遊戲，4 個人回家之後，又有 2 個人加入，現在有多少人在玩跳繩？

①讓小孩畫圖。

②列算式。$(12-4+2)$

③進行計算。$(12-4+2=10)$

18 ——加法應用題
入門期，應用題比計算練習更重要

或許有些媽媽會認為，應用題好難啊！對於小學 1 年級的學生而言，學會應用題比學會計算題重要多了。一般都是先進行計算練習，熟悉了之後再練習解應用題。但數學入門期正好相反。

不僅要會 $3+2=5$ 的計算，還得了解數中有量，並且調整成文章型式來思考，這是很重要的。此算式為例，當然要會舉出「小香有 3 朵玫瑰花，大明有 2 朵玫瑰花，二人共有幾朵玫瑰花？」的應用題。只要使用身邊的物品，應該就能夠從 $3+2=5$ 的式子中舉出幾種應用題。既然會舉出玫瑰花的應用題，當然也就會再舉出另一種應用題。而且，只要將數字重換，就成為不同的應用題了（3 朵換成 4 朵，2 朵換成 3 朵）。

出現 $3+2$ 的式子後，最初由母親敘述應用題，接著再請孩子思考類似的應用題。彼此口頭回答之後，再將題目寫在筆記簿上，這種方法很有效。

在此必須注意，不是集合（相同）就不能相加。亦即「小美有 3 個蘋果、小華有 2 個橘子，共有幾個橘子？」這種應用題是不成立的。如果問共有幾個水果，應用題就成立，但也幾乎沒有這種問題。應該讓小孩了解，相同物品才能夠加減。

19 ── 減法的應用題
減法的另一種意義

前面曾經提及，減法的主要意義有求餘數及求差數，但小學生只要記住前者的意義，則非常方便。減法的基本，是從一個集合當中，拿走一部分集合，所以也要教導求補數的減法。

所謂求補數，其定義是「不屬於全體集合中部分集合的補集合」。請看下圖。

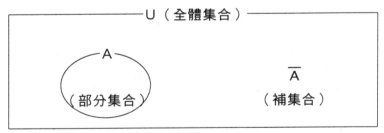

（不屬於Ａ集合的補集合用 $\overline{A}$ 表示）

再以具體列子來表示，「有 10 個小孩，男孩有 6 人，則女孩有多少人？」這就是求餘數的減法。在此題目中，10 個小孩稱為全體集合，男孩 6 人稱為

部分集合。剩下的女孩則變成補集合。以圖表示如下：

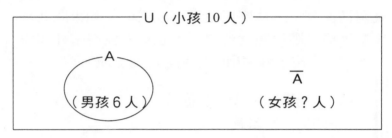

減法比加法困難之處，就在於求沒有伴隨動作的補數。此問題實際的教法，如下圖所示。

此減法並沒有動作，10 人當中有男孩子 6 人，則剩下的為女孩子。以這種方式思考也可以。如此一來，不就和求餘數沒什麼兩樣了嗎？

■ 提升 RI 的問題 ■

根據 14－6 的算式，讓小孩自己出三種（求餘數、求差數、求補數）的題目。如果小孩不會，就請母親出題。

■ 解答例 ■

①求餘數……小智有 14 個栗子，吃了 6 個，還
　　　　　剩下幾個？
②求差數……小武有 14 個彈珠，大牛有 6 個，
　　　　　誰比誰多幾個彈珠？
③求補數……有 14 個人在玩躲避球，其中 6 人
　　　　　是女生，請問男生有幾人？

20 ── 2 位數的加法
同位數相加

　　1 年級所學習的 2 位數加法，是沒有進位的計算
。這比有進位的計算輕鬆，遇到 2 位數以上的計算
時，請注意進位。

　　加法一定要同位相加，但不要只是讓小孩機械
化的做題目，而應該教導他為什麼非得這樣算不可
。藉此就能夠培育小孩的好奇心，使 EQ 提升。

　　例如 23＋15，23 的 2 是有 2 個 10，3 是有 3 個
1；15 的 1 是有 1 個 10，5 是有 5 個 1。

　　能夠掌握這層道理，則遇到像 23＋4 這種題目
時，就不可能回答 63 了。

　　關於 2 位數的加法，為了不讓孩子弄錯進位，
請讓孩子筆算（直式計算）。心算容易發生光是操作
數字的危險性，必須特別注意。

　　像這種計算，最初也是使用方塊計算，才能讓

小孩充分了解加法的結構。準備 100 個方塊，如下圖的排列。實際操作後，不僅能夠掌握數中有量的觀念，也能明白進位的結構。如此就可以順利地往前進了。

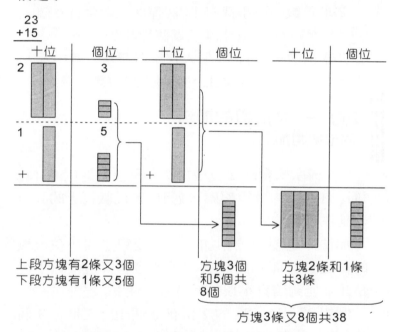

上段方塊有2條又3個
下段方塊有1條又5個

方塊3個和5個共8個

方塊2條和1條共3條

方塊3條又8個共38

（**注意**）製作 1 條方塊時，如下所示，10 個方塊排列一起，背面用膠帶黏好，非常方便。

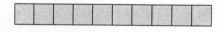

■ 提升 RI 的問題 ■

下面的計算，為什麼會錯誤呢？請小孩想想看：

① 10＋3＝103

② 3＋26＝56

■ 解答例 ■

下列計算，一定得同位數相加。

①	10	②	3
	＋ 3		＋26
	13		29

所以，①答案為 13，②答案為 29。（使用方塊比較容易了解這種構造）。

21 ── 2 位數的減法
同位數相減

1 年級所學習的 2 位數減法，依然是沒有退位的計算。和加法一樣，指導小孩相同位數相減。

例如 25－13，25 的十位數是 2，個位數是 5，13 的十位數是 1，個位數是 3。用方塊思考，則 2 條方塊與 5 個方塊為 25；1 條方塊與 3 個方塊為 13。因此，25－13 的計算為「2 條方塊－1 條方塊＝1 條方塊，5 個方塊－3 個方塊＝2 個方塊」。答案是 1 條方塊又 2 個方塊，用數字表示為 12。

在減法當中，當減數是 1 位數的時候，尤其應該小心。如果沒有養成位數對齊來計算的習慣，就經常發生 34－2＝14 的錯誤。此外，類似 34－4 的計

算，利用直式筆算也能預防錯誤。另外，34－4＝3 的這種錯誤也常常出現，所以務必教導小孩，個位數什麼也沒有的時候，必須加 0。

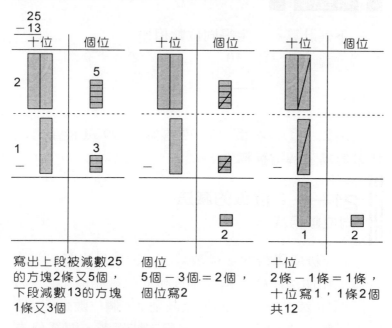

寫出上段被減數25的方塊2條又5個，下段減數13的方塊1條又3個

個位
5個－3個.＝2個，個位寫2

十位
2條－1條＝1條，十位寫1，1條2個共12

■ 提升 RI 的問題 ■

下面的計算爲什麼會錯誤呢？請小孩想想看：

① 24－4＝2

② 36－3＝6

■ 解答例 ■

和加法一樣，用筆算計算。

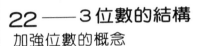

①的個位什麼也沒有，必須寫 0，②必須減去相同位的數。

22──3 位數的結構
加強位數的概念

接下來，用方塊學習 3 位數的結構。

首先，想想用方塊表示 100 這個數的方法。依照下述的方法很方便。10 個方塊成為 1 條，10 條方塊成為 1 片。換言之，1 條方塊是 10 個方塊；1 片方塊是 100 個方塊（將 1 片想成 10 條亦可）。

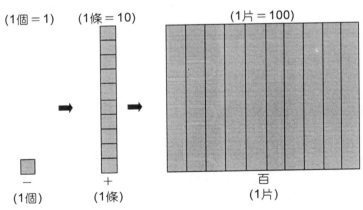

如此限制之後，則不論任何 3 位數，均可用方

塊來表示，這對於在數的學習上非常方便。首先，
我們嘗試用方塊來表示 99 及 100。

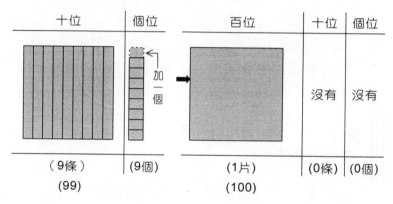

十位	個位	百位	十位	個位
（9條）	(9個)	(1片)	(0條)	(0個)
(99)		(100)		

比 99 大的數是 100，請看 99 個方塊的圖。個位
的方塊▨再加 1 個，則個位的方塊變成 10 個（1 條
），非得往十位移動不可。因此個位變成什麼也沒有
，十位變成 10 條方塊。10 條即 1 片，因此，必須往
百位移動，於是十位也空無一物。亦即變成 1 片 0
條 0 塊方塊。用數字符號表即為 100。

　　為了了解 100 這個數，必須先學習進位，請使
用方塊反覆多練習幾次。

■ 提升 RI 的問題 ■

　　讓小孩說出 256 這個數的個位有幾個方塊、十
位有幾條方塊、百位有幾片方塊。並讓他畫出如 153
頁的方塊圖。

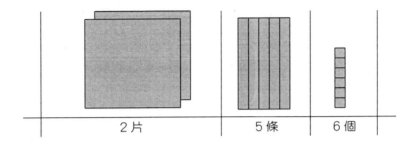

| 2 片 | 5 條 | 6 個 |

23──要進位的２位數加法
一定要用筆算

　　２位數要進位的加法，一定要用筆算。利用心算容易因粗心而造成錯誤，這往往成為對數學缺乏自信的原因，必須特別小心。

　　２位數的加法，有１次進位及２次進位的情形。不論小孩遇到什麼挫折，都是１位加法有問題。

　　像 ７＋５＝１２，對於這種 １ 位加法的進位不熟悉的孩子，在 ２ 位數、３ 位數計算時，不僅耗時較久，而且經常發生錯誤。這時候，應該回過頭來仔細練習 １ 位進位的加法。以下利用方塊來說明只有進 １ 次位的 ２ 位數加法。

　　４６＋２５ 的計算，可以分解成 ４６＝４ 個 １０ 與 ６ 個 １、２５＝２ 個 １０ 與 ５ 個 １。用方塊表示時，４６＝４ 條與 ６ 個、２５＝２ 條與 ５ 個。亦即全部的 １０ 有 ４＋２＝６，６ 條；全部的個有 ６＋５＝１１，１１ 個。但事前已經有限制，１０ 個即 １ 條，所以這個 １ 條與前面的 ６ 條

合起來變 7 條，而「個」（個位）的地方變成 1 個。
也就是 7 條與 1 個方塊，答案是 71。

　　利用方塊，能夠輕易地理解這種結構。

$$\begin{array}{r} 46 \\ +25 \\ \hline 71 \end{array}$$

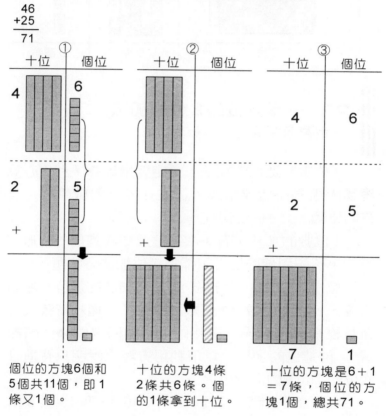

個位的方塊6個和
5個共11個，即 1
條又1個。

十位的方塊4條
2條共6條。個
的1條拿到十位。

十位的方塊是6＋1
＝7條，個位的方
塊1個，總共71。

24 ── 要退位的2位數減法
從個位數依序同位數相減

　　要退位的減法，經常會遇到阻礙。尤其是 2 位數以上的場合，發生錯誤的機率更高。為了要求正確又快速的解答，必須要充分練習。

　　減法，最重要的，是減同位的數字，以及從個位依序減。在此就利用方塊來計算 54－26。

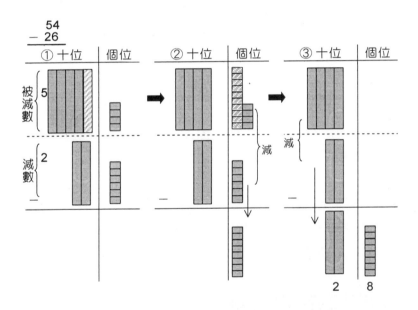

　　①個位的 4 不能減 6，所以向左側十位借 1 條（10 個）。

　　②被減數的十位是 5 條－1 條（借出部分）＝4

條。被減數的個位是 1 條（斜線部分）加上 4 個，共 14 個方塊。因此，個位是 14 個－6 個，剩下 8 個方塊。

③被減數的十位是 4 條，減數的十位是 2 條，所以十位是 4 條－2 條，剩下 2 條方塊。總共剩 2 條及 8 個方塊，答案爲 28。

這樣應該就能夠了解退位減法的結構了，一定要多加練習。要退位的減法如用筆算，即可快速又正確地解答。

$$54 - 26 \Rightarrow \begin{array}{r} 54 \\ -26 \end{array} \Rightarrow \begin{array}{r} \fbox{4} \\ \not5 4 \\ -26 \end{array} \Rightarrow \begin{array}{r} \fbox{4,14} \\ \not5 4 \\ -26 \\ \hline 28 \end{array}$$

當中的數字是重點，個位借去 10，所以 5 變成 4，個位的 4 變成 14。用 4、14 中的 14 減 6，接下來，十位數減 2。如此則爲 14－6＝8、4－2＝2，答案 28。

■ 提升 RI 的問題 ■

下列計算錯誤，請孩子思考爲什麼會錯。
① 50－ 3 ＝20
② 52－43＝11

①3是個位數字，不可以用十位的5減3。正確答案應該是47。

②應該是 2－3，不可以變成 3－2。正確答案應該是9。

25 ——乘法的意義
1個的量×多少個＝全體量

教導小孩乘法時，不可以只教他背九九乘法表。在未上小學之前就會背誦九九乘法的孩子不少，但在此之前，請先思考「乘法是什麼？」大多數的母親都了解乘法的意義，但下面仍要再度地說明，如此小孩到了小學高年級才不致遇到挫折。

■ 問題 ■

一隻獨角仙有 6 隻腳，5 隻獨角仙共有幾隻腳？

因為 1 隻獨角仙有 6 隻腳，所以 5 隻獨角仙有 6＋6＋6＋6＋6＝30，30 隻腳。用更簡單的算式表示

即「6×5」，讀成「6 乘以 5」。這就叫做乘法。換言之，乘法的條件是已知 1 個的量（這個題目是 1 隻的腳數），以及有多少個（幾隻）。知道這 2 項條件之後，如下的乘法算式便成立。

「1 個的量」×「多少個」=「全體量」
　6 隻腳　　　　　 5 隻　　　　　 30 隻腳

這是乘法的基本意義，媽媽們應該要先了解。這方面觀念正確之後，對於往後數學的學習很有幫助。尤其「1 個的量」的這種想法，也是在 5 年級以上學習平均、速度、密度時的重要觀念。

例如 100km／時，表示 1 小時前進 100km；密度的 $5g／cm^3$，表示 1 立方公分重 5g。了解乘法的意義，不但有助於培育好奇心，更能培養理論性的思考能力。當然，更能夠提升 EQ 與 RI。

知道 1 個的量，就可以用乘法來計算。雖然也可以用加法，但是必須要讓小孩了解，與其連加好幾次，不如乘 1 次來得簡單、快速。

■ 提升 RI 的問題 ■

請小孩自己配合 8×5 的算式出應用題。

■ 解答例 ■

「1 隻章魚 8 隻腳，5 隻章魚共有幾隻腳？」

26 ──九九乘法
找出規則

了解乘法的意義之後，接下來必須學習快速的計算方法。因此，請背誦九九乘法表。不會背九九乘法，不僅不會做 2 位數以上的乘法（3 年級），同時連除法也算不好。在 2 年級之前，必須要完全背熟。可將下圖的九九乘法表，張貼在容易看得見之處（客廳、書房等）。

（乘數）

	1	2	3	4	5	6	7	8	9
1 (1 段)	1	2	3	4	5	6	7	8	9
2 (2 段)	2	4	6	8	10	12	14	16	18
3 (3 段)	3	6	9	12	15	18	21	24	27
4 (4 段)	4	8	12	16	20	24	28	32	36
5 (5 段)	5	10	15	20	25	30	35	40	45
6 (6 段)	6	12	18	24	30	36	42	48	54
7 (7 段)	7	14	21	28	35	42	49	56	63
8 (8 段)	8	16	24	32	40	48	56	64	72
9 (9 段)	9	18	27	36	45	54	63	72	81

（被乘數）

了解此表之後，再如同下列做各段表的張貼。

■3 段的九九乘法例

$3 \times 1 = 3$（參壹得參）

$3 \times 2 = 6$（參貳得陸）

$3 \times 3 = 9$（參參得玖）

$3 \times 4 = 12$（參肆拾貳）

$3 \times 5 = 15$（參伍拾伍）

$3 \times 6 = 18$（參陸拾捌）

$3 \times 7 = 21$（參柒貳拾壹）

$3 \times 8 = 24$（參捌貳拾肆）

$3 \times 9 = 27$（參玖貳拾柒）

（$3 \times 0 = 0$）

這些表示不只要背誦，還必須發現其「規則性」，3 段即順序增加 3（1 段增加 1、2 段增加 2……按此規則性增加）。

另外，4×5 的乘法，還得教導小孩前面的 4 是「被乘數」，後面的 5 是「乘數」。再讓小孩知道，「兩數交換答案亦同」的乘法規則。

（例：$2 \times 3 = 3 \times 2$、$6 \times 4 = 4 \times 6$ 等等）

27——乘法應用題
找出 1 個的量

乘法應用題和加法應用題，一定要區分清楚。以下說明什麼樣的應用題要採用乘法來計算。

以下列題目爲例：

1 隻兔子有 2 個耳朵，6 隻兔子共有幾個耳朵？

最初也像加法、減法一樣，畫圖比較容易知道採用什麼算法。

一看圖就知道 1 隻兔子有 2 個耳朵，總共有 6 個 2，所以知道是用乘法。算式是「2 個×6 隻」，答案爲 12 個。有些孩子會把算式寫成 6×2，請注意。

要區別一個應用題是不是採用乘法，其最大的重點，就是要找出 1 個的量（數）。接下來要知道「幾個」，這樣就可以用乘法來求出全體的量。

區別方法列舉如下。

①<u>1 個星期有 7 天</u>，3 個星期有幾天？

②<u>1 個 9 元</u>的糖果買 6 個要花多少元？

③<u>5 個裝</u>的巧克力有 7 盒，總共有幾個巧克力？

④<u>每天用 6 張</u>白紙，共可用 8 天，白紙共有幾張？

題目下的 _____ 線均爲「1 個的量」，┈┈ 線爲

「多少個」。①可以想成 1 個星期有 7 天，3 個 1 星期是幾天。②是 1 個 9 元，③是 1 盒 5 個，④是 1 天 6 張，＿＿＿均為「1 個的量」。

　　一看到應用題，就在數字底下畫線，不僅一目瞭然，還可以區別要採用什麼算法。如此一來，即使到了高年級，也不必擔心應用題了。

■ 提升 RI 的問題 ■

　　利用下面 ☐ 中的句子，請孩子製作應用題。不足的文字請補上。（幼兒或不會寫文章的兒童，讓他用口頭敘述也可以。）

6 隻	章魚有 8 隻腳
全部	腳

■ 解答例 ■

　　「1 隻章魚有 8 隻腳，6 隻章魚共有幾隻腳？」

28──解應用題的秘訣
畫圖、代換成較小的數

　　到此為止，一直練習加法、減法、乘法、除法，而這時對於應用題感到棘手的小孩也增加了。在只有加法或減法的場合，增加的一定是加法；減少

的一定是減法。但加入乘法後，在加法和乘法的場合，其答案均增加，要詳細區別並不容易。

　　加法有合併與添加二種意義，減法主要有求餘數、求差數與求補數三種意義。只要掌握此原則，就不必擔心了。

　　那麼，要怎麼做才能理解這些意義呢？請畫圖，或掌握文章為量的印象。會讀應用題的文章，卻不會畫圖，是因為沒有充分了解題目的意義所致。

　　「有 8 個小孩各自坐在椅子上，另外有 7 把椅子空著，請問椅子共有幾把？」一旦遇見這種題目，就算圖畫得再難看也沒有關係，請小孩將圖畫在筆記上。

　　只要了解加法的基本意義，就應該會解題。

　　此外，到了 2 位數以上的加法、減法時，很多孩子一旦遇到大的數目就傻眼了。例如「小智有 125 張郵票、小晴有 113 張郵票，誰比誰多幾張？」的問題，請將 125 張換成 3 張、113 張換成 2 張等小的數目來想想看。了解加減法意義的小孩，一旦數字變小，馬上就能列出算式。

　　以下「提升 RI 的問題」，與之前出現過的加法、減法有些不同，但是，畫圖之後立即就能夠了解了。

■ 提升 RI 的問題 ■

　　白色帽子 12 頂，黑色帽子比白色帽子少 4 頂，

請問黑色帽子有幾頂？

　①讀完題目後請畫圖。

　②列出算式並求答案。

　（12－4＝8，答：8頂）

29——時間
找機會多看時鐘

　　學習時間分為時刻與時間二種意義。1 年級只要了解時刻就可以了（1 點 30 分是時刻，1 小時 30 分是時間）。

　　多半是到了中年級（3 年級）以上才了解時間。小學 1 年級的小孩，多半還不會區別時刻與時間，不要太焦急，只要會看時鐘並說出幾點幾分就夠了。

　　學習時間時，一定需要真正的時鐘或玩具鐘，最好是能讓小孩自己撥弄指針的鐘。

　　如果這時候，給小孩數字型的電子錶，就一點意義也沒有了。看電子錶只知道現在的時刻，無法思考過去與未來。現在很多小孩戴電子錶，電子錶無法看出時間，但是小學生必須了解，時間當中也有量的存在。光用數字來表示的電子錶，很難讓小孩了解時間當中也有量。如果要買手錶給小孩，還是指針式者為佳。

　　再也沒有比學習時間與生活體驗的關係更密切

的項目了。早上 6 點 30 分起床、8 點上學、下午 1 點回家、2 點遊玩、3 點 30 分吃點心……等等，現代生活當中，時鐘是不可或缺的物品。意識時間，不但可養成正確規則的生活，還可養成常看時鐘的習慣。如此，自然就能夠擁有對於時間的感覺。

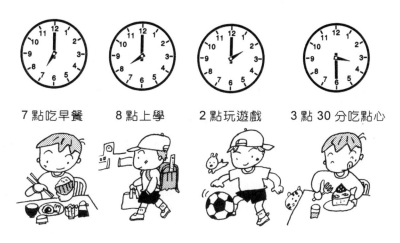

7 點吃早餐　　8 點上學　　2 點玩遊戲　　3 點 30 分吃點心

　　了解 8 點上學、1 點放學回家，就稍微了解這段時間的量是多少。當小孩說「想吃點心」時，媽媽可以回答：「等到 3 點 30 分再吃。」這正是讓小孩學習時間的好機會。此外，當母親有事外出時，可以對小孩說：「你在家裡，我 5 點會回來。」如此可以使小孩儘早理解時間概念。想要實施有規律的生活，就必須要學習時間。此外，最好不要強迫幼兒用時鐘來學習時間。

30 —— 長度
利用實驗讓小孩了解長度當中也有量

　　長度這種量（連續量），是很抽象的思考方式，對於低年級的小孩來說，稍微困難了一點。

　　到了 2 年級，必須記住 3 種長度單位。有些孩子到了高年級，還搞不清楚 mm、cm、m（公釐、公分、公尺）的關係，所以現在就要讓孩子擁有正確的長度概念。

　　在學習時間時，盡量讓小孩看時鐘。在教導長度的量時，盡量讓小孩親自實驗。實驗時，只要有鉛筆、橡皮擦、火柴棒就夠了。

　　首先讓小孩比長度，比比看鉛筆和原子筆誰長誰短？讓小孩了解長度當中也有量。比較長短的物品不限，只要家中有的東西，都可以比較。

　　了解之後，再以某單位為準，測量各種物品。

例如，教科書的縱長及橫長，相當於幾根火柴棒的長，即使不直接比較橫長、縱長，也可由火柴棒得知，哪一邊長多少。

像原子筆、蠟筆等有一定長度之物，均可當做測量的單位。

充分練習之後，再教導 cm（公分）等的單位。如果一開始就先教導 cm，並立即用尺來量長度，則小孩會認為尺是量長度的唯一方法。經由以上的順序，再用尺量各種物品，才有意義。

教導單位的順序，是初是 1cm，接著是 1mm，1m則放到最後再教。

31 ——除法是什麼
有等分除及包含除二種意義

最後思考除法的意義。

除法與乘法正好相反，大家應該都知道，乘法與除法具有密不可分的關係。但要說明何謂除法時，很多母親都說不出了所以然來。現在只要讀完本節，媽媽們就不必擔心了。

除法包含「有 6 個柿子，平分給 3 人，每 1 人得到幾個柿子」的等分除，以及「有 6 個柿子，每人分 3 個，可以分給幾個人」的包含除。換言之，除法有兩種意義。以下就詳細說明。

乘法的意義是，「1 個的量」×「有多少個」＝

「全體的量」。由此式子反算，則可導出二種算式。亦即爲了要求「1 個的量」，必須用「全體的量」÷「有多少個」＝「1 個的量」，這就稱爲等分除。另外，爲了要求「有多少個」，必須用「全體的量」÷「1 個的量」＝「有多少個」，這種爲包含除。用前面的例子來計算，等分除爲「6 個÷3 人＝2 個／人」，1 人 2 個；包含除爲「6 個÷3 個／人＝2 人」。

加上單位整理如下：

乘法……3 個／人×2 人＝6 個（1 個人 3 個，2
　　　　個人全部有幾個）
等分除……6 個÷2 人＝3 個／人（6 個分給 2
　　　　個人，1 人得幾個）
包含除……6 個÷3 個／人＝2 人（每人 3 個，6
　　　　個可以分給幾人）

如上所述，除法有兩種意義，而且與乘法有密切的關係。了解這些意義之後，再教導小孩除法的符號「÷」及計算的方法。當然，除法的計算方法正好與乘法相反。學會這些之後，到了 5 年級在學比率或速度時，就容易了解了。

（注意）實際寫算式時，不要加單位。

■ 提升 RI 的問題 ■

用 12÷3 的算式，讓小孩做等分除及包含除的

應用題。

①等分除……有 12 個橘子，分給 3 個人，1 個
　　人分得幾個橘子？
②包含除……有 12 個橘子，每個人分 3 個橘子
　　，共可分給多少人？

▼3 提升 EQ，掌握數學

現在，讓我們再回憶一次 EQ 七要素。

‖ 1 ——重視「為什麼」的疑問

幼兒至小學階段的孩子，經常會提出「怎麼會這樣」、「為什麼」的問題。這時候，各位父母都有回答小孩的問題了嗎？

如果母親想要回答「這種事你還不懂」、「別問這麼奇怪的問題」，那麼請等一等。

對於小孩的任何問題，做大人的不要怕麻煩，要盡可能地回答他。這對於提升孩子的數學、理科（中年級以上），培育小孩「怎麼會這樣」、「為什麼」的好奇心非常重要。想要提升小孩的 EQ，就一定要培育他的好奇心。

為什麼這題應用題要用加法？53－3 的答案為什麼不是 5？對於有此疑問的小孩，不要認為「這孩子真笨，怎麼會問這種問題」。

其實，有此疑問的小孩，未來潛力無窮，一定是優秀的小學生。對於孩子所提出的疑問，大人一定要在所知的範圍內盡可能地回答。

2 —— 遇到挫折一定要弄到懂為止

我們常說，數學是重疊累積的學科，幾乎所有的 1 年級小孩都表示「喜歡數學」，但是到了 6 年級，半數以上的孩子都表示搞不懂數學。

原因在於低年級時，於某處遇到挫折而喪失自信。缺乏自信就無法提升 EQ，當然 RI 也會持續地低落。為了加以挽回，回過頭來學習不會的部分，是很重要的。

在數學的入門期，必須注意的是，雖然會進行加法、減法、乘法等機械性的計算，但一碰到應用題就搞不懂了。低年級的孩子不了解應用題，是因為不了解加法、減法、乘法的意義所致。如果在這個階段受挫，則升上 3、4 年級之後，一看到應用題，就會覺得一頭霧水。

這時候，請母親設定充分了解量的變化及狀態的應用問題。只要孩子一遇到挫折，母親就要從孩子不了解的地方開始指導。具體指導的方法在前一節已經敘述過了，請重新閱讀。

3 —— 盡量不要用心算

很多人認為，心算能力強的孩子，數學也好。但事實上，喜歡心算的孩子，其數學學力的提升更

令人煩惱。

低年級時，的確有心算能力＝數學學力的傾向，但越是到了高年級，這個等式瓦解的速度越快。一般人以為心算能力好、計算速度又快的孩子，數學程度一定好，事實上這是一個大陷阱。

光是在頭腦裡計算，亦即在進行機械化的作業當中，沒有進行思考。太過於仰賴心算，不僅無法理解數中有量的概念，即使閱讀應用題，也無法想像題意。

只會計算題，不懂得文章應用題的小孩，毫無例外的，均只是在頭腦中進行計算的人。

創造力豐富的孩子，或者凡事習慣仔細思考的人，在思考的過程中，一定會邊記筆記邊深思熟慮。自古以來，優秀的學者、科學家們在思考的時候，必定是在筆記上記錄，在思考舊記錄的同時，也會產生新的理論。藉由書寫，能夠再度確認現在自己在做什麼，養成透過語言來思考的習慣，有助於提升 EQ。

‖ 4——用大字表示計算及算式

想要培養數學好的孩子，一定要讓他從低年級開始就好好地記筆記。

要在筆記上留下計算或算式。從入門期開始，養成計算或寫算式的習慣，到了小學高年級，就不

致於討厭數學了。

　　用大字將計算或算式寫出來，有二個優點。第一，用容易明白的字清楚地寫在筆記上，可以預防粗心犯錯。第二，將計算或算式記在筆記上，如果有錯，老師或母親能夠適切地給予糾正或指導。培養出自信之後，EQ 自然地就能夠提升，當然數學也不可能變差了。

　　如果不將做法記錄下來，指導者根本不知道孩子是怎麼地想出答案的，因此無法好好地指導。這也是導致孩子越來越不喜歡數學的原因，所以要養成記筆記的習慣。與其說記筆記是要寫出一本漂亮的筆記簿，不如說最大的目的在於養成計劃性，這對於提升 EQ 很有助益。

　　接著，介紹做筆記的好例子及壞例子。

　　每本書厚 12mm（公釐），5 本書疊在一起是多少 cm（公分）？

（好例子）　　　　　　　　　（壞例子）

12mm×5＝60mm　　　　　　　12×5

1cm＝10mm

60mm＝6cm

答：6cm　　　　　　　　　　答：60mm

5——豐富生活體驗

最初學習的數學是「數是什麼東西」，但請注意，有些小孩根本不知道數的性質，只是記住數字而已。例如 3 這個數字，3 個橘子、3 枝鉛筆、3 隻貓、3 隻兔子……等等，很多東西都可以用「3」來表示（也有從前面算起第 3 個，以表示順序的問題）。此外，3 和 5 這兩個數字排在一起時，要讓小孩了解 5 比較多（大），還必須讓小孩想出具體物（集合），例如，橘子 3 個及 5 個。

總而言之，數的學習中最重要的，不是記住 1 或 2 等數字，而是要進行與量有關的學習。想要一眼即知量的多少，一定要透過與大人的交流，且有豐富的生活體驗才行。

藉由豐富的生活體驗，疏通意思的能力也可以提升，EQ 自然上升。要用眼睛看、用手摸各種集合（蜻蜓、燕子、柿子、香蕉、撲克牌、積木……），了解那是什麼樣的東西。讓孩子親身體驗相同集合（物）「1 個」、「2 個」這種量的增加，便能毫無抵抗地進行數的學習。

生活體驗豐富的小孩，其數學也一定很好。這是因為 EQ 提升，RI 自然上升的緣故。

6──綜合學習

　　我想許多父母是第一次聽到綜合學習這個名詞。事實上，綜合學習就是將在教室中學習到的東西應用在現實的生活當中。利用數學當成解決日常生活中各種問題的一種手段。

　　現實生活與數學的關係越密切，則小孩就越對數學感興趣，培養本身的學力之後，就能夠應用在現實的生活當中。藉由與現實生活的連結，提升 EQ，伸展真正的能力 RI。

　　親子的戶外踏青，到海邊、兒童樂園遊玩，都是綜合學習的機會。如果沒有充裕的時間，則可以利用散步、購物的時間。必須下工夫有效地利用各種機會。以下介紹綜合學習之例，供親子在學習時的參考。

　　「朋友們一起到海邊遊玩，7 人當中有 3 位大人，其餘是小孩，小孩當中又有 2 人是男孩。到了中午打開餐盒，裡面有 21 個包子，大人吃了 13 個，剩下的給孩子們吃，吃完午餐之後，孩子們高興地撿拾貝殼，總共撿了 80 個。琦琦撿 32 個，2 個男孩共撿 40 個。真是快樂的 1 天。」（以此文章為基礎，設計各種問題）。

7 ——巧妙利用教科書的方法

　　教科書是最方便的教材，應該下工夫好好地利用。利用教科書的方式可以左右小孩的成績。

　　首先請準備教科書專用的筆記。儘量使用大本筆記，寫起來比較方便。有時候小孩會將答案直接寫在教科書或參考書上，請注意。

　　對於教科書上的問題，一定要養成在筆記簿上解題的習慣。如果是幼兒，不必讓他寫也可以，但是請讓他大聲地說出來。如果是小學生，就非得好好寫不可了。寫錯了，就表示他對此問題尚未十分了解，此時可以立即發現問題所在。這對於指導者而言也很方便，具有預防疏忽的優點。

　　教科書的每道題目，至少都要做 2 次以上。錯誤的地方，要在教科書或筆記上畫△或×的記號，以後在複習時立刻就能夠知道棘手處在哪裡？同時也方便於指導。

　　此外，沒有必要給幼兒小學生用的教科書。大人可以閱讀參考、活用，當成出題目的提示。

8 ——選擇數學班的重點
教導小孩掌握數中有量的補習班最好

　　有不少母親為了免於小孩上學後的煩惱，而在幼兒期就讓孩子上數學補習班。那麼，請考慮一下

，哪一種數學班比較合適呢？

　　一般人認為，入門時期只要會計算就好，但是讀完本書後，就會知道這種想法是錯誤的。入門時期，了解應用題比會計算來得更重要。如果幼兒還不會認字，那麼光是畫圖想像也可以。

　　若要讓幼兒上數學班，那麼最好選擇會仔細教導原理、結構的補習班。使用教具說明計算的方法及進退的結構，（如果沒有教具）或利用畫圖也可以。另外，如果該補習班是以應用題為教學中心，那就不必擔心了。

　　再者，指導者最好具備 3 年以上教學經驗。

　　若要比較教幼兒或 8 歲左右的兒童加減法的意義，以及教高年級學生食鹽水濃度的問題，哪一方比較困難？那麼應該是前者比較困難。幾乎所有的母親都認為食鹽水的問題比較難，但是要教導低齡的孩子加法或減法的意義，是需要教育技術的。教授入門期的數學，必須要接受數學教育研修及技術的磨練。

　　如果補習班是以應用題為中心，仔細地教導計算方法，而且指導者有經驗，那就大可放心了。在選擇補習班之前，必須要比較各個補習班的教學方法。

生活廣場系列

① 366 天誕生星

馬克・矢崎治信／著

李 芳 黛／譯　　　定價 280 元

② 366 天誕生花與誕生石

約翰路易・松岡／著

林 碧 清／譯　　　定價 280 元

③科學命相

淺野八郎／著

林 娟 如／譯　　　定價 220 元

④已知的他界科學

天外伺朗／著

陳 蒼 杰／譯　　　定價 220 元

⑤開拓未來的他界科學

天外伺朗／著

陳 蒼 杰／譯　　　定價 220 元

⑥世紀末變態心理犯罪檔案

冬門稔貳／著

沈 永 嘉／譯　　　定價 240 元

⑦ 366 天開運年鑑

林廷宇／編著　　　定價 230 元

品冠 文化出版社　總經銷

郵政劃撥帳號：19346241

● 主婦の友社授權中文全球版

女醫師系列

①子宮內膜症
　　國府田清子／著
　　林　碧　清／譯　　　　定價 200 元

②子宮肌瘤
　　黑島淳子／著
　　陳　維　湘／譯　　　　定價 200 元

③上班女性的壓力症候群
　　池下育子／著
　　林　瑞　玉／譯　　　　定價 200 元

④漏尿、尿失禁
　　中田真木／著
　　洪　翠　霞／譯　　　　定價 200 元

⑤高齡產婦
　　大鷹美子／著
　　林　瑞　玉／譯　　　　定價 200 元

⑥子宮癌
　　上坊敏子／著
　　林　瑞　玉／譯　　　　定價 200 元

品冠文化出版社

郵政劃撥帳號：19346241

大展出版社有限公司
品冠文化出版社

圖書目錄

地址：台北市北投區(石牌)　　　電話：(02)28236031
　　　致遠一路二段 12 巷 1 號　　　　　　28236033
郵撥：0166955～1　　　　　　傳真：(02)28272069

・法律專欄連載・ 電腦編號 58

台大法學院　　　　　法律學系／策劃
　　　　　　　　　　法律服務社／編著

1. 別讓您的權利睡著了 ①　　　　　　　　200 元
2. 別讓您的權利睡著了 ②　　　　　　　　200 元

・秘傳占卜系列・ 電腦編號 14

1. 手相術　　　　　　　　淺野八郎著　180 元
2. 人相術　　　　　　　　淺野八郎著　180 元
3. 西洋占星術　　　　　　淺野八郎著　180 元
4. 中國神奇占卜　　　　　淺野八郎著　150 元
5. 夢判斷　　　　　　　　淺野八郎著　150 元
6. 前世、來世占卜　　　　淺野八郎著　150 元
7. 法國式血型學　　　　　淺野八郎著　150 元
8. 靈感、符咒學　　　　　淺野八郎著　150 元
9. 紙牌占卜學　　　　　　淺野八郎著　150 元
10. ESP 超能力占卜　　　　淺野八郎著　150 元
11. 猶太數的秘術　　　　　淺野八郎著　150 元
12. 新心理測驗　　　　　　淺野八郎著　160 元
13. 塔羅牌預言秘法　　　　淺野八郎著　200 元

・趣味心理講座・ 電腦編號 15

1. 性格測驗① 探索男與女　　淺野八郎著　140 元
2. 性格測驗② 透視人心奧秘　　淺野八郎著　140 元
3. 性格測驗③ 發現陌生的自己　淺野八郎著　140 元
4. 性格測驗④ 發現你的真面目　淺野八郎著　140 元
5. 性格測驗⑤ 讓你們吃驚　　　淺野八郎著　140 元
6. 性格測驗⑥ 洞穿心理盲點　　淺野八郎著　140 元
7. 性格測驗⑦ 探索對方心理　　淺野八郎著　140 元
8. 性格測驗⑧ 由吃認識自己　　淺野八郎著　160 元
9. 性格測驗⑨ 戀愛知多少　　　淺野八郎著　160 元

·婦 幼 天 地·電腦編號 16

·青春天地· 電腦編號 17

·健 康 天 地· 電腦編號 18

·實用女性學講座· 電腦編號 19

·校園系列· 電腦編號 20

·實用心理學講座· 電腦編號 21

·超現實心理講座· 電腦編號 22

1. 超意識覺醒法　　　　　　詹蔚芬編譯　130元
2. 護摩秘法與人生　　　　　劉名揚編譯　130元
3. 秘法！超級仙術入門　　　　　陸明譯　150元
4. 給地球人的訊息　　　　　柯素娥編著　150元
5. 密教的神通力　　　　　　劉名揚編著　130元
6. 神秘奇妙的世界　　　　　平川陽一著　200元
7. 地球文明的超革命　　　　　吳秋嬌譯　200元
8. 力量石的秘密　　　　　　　吳秋嬌譯　180元
9. 超能力的靈異世界　　　　　馬小莉譯　200元
10. 逃離地球毀滅的命運　　　　吳秋嬌譯　200元
11. 宇宙與地球終結之謎　　　　南山宏著　200元
12. 驚世奇功揭秘　　　　　　　傅起鳳著　200元
13. 啟發身心潛力心象訓練法　　栗田昌裕著　180元
14. 仙道術遁甲法　　　　　　高藤聰一郎著　220元
15. 神通力的秘密　　　　　　中岡俊哉著　180元
16. 仙人成仙術　　　　　　　高藤聰一郎著　200元
17. 仙道符咒氣功法　　　　　高藤聰一郎著　220元
18. 仙道風水術尋龍法　　　　高藤聰一郎著　200元
19. 仙道奇蹟超幻像　　　　　高藤聰一郎著　200元
20. 仙道鍊金術房中法　　　　高藤聰一郎著　200元
21. 奇蹟超醫療治癒難病　　　　深野一幸著　220元
22. 揭開月球的神秘力量　　　超科學研究會　180元
23. 西藏密教奧義　　　　　　高藤聰一郎著　250元
24. 改變你的夢術入門　　　　高藤聰一郎著　250元
25. 21 世紀拯救地球超技術　　　深野一幸著　250元

·養 生 保 健· 電腦編號 23

1. 醫療養生氣功　　　　　　　黃孝寬著　250元
2. 中國氣功圖譜　　　　　　　余功保著　250元
3. 少林醫療氣功精粹　　　　　井玉蘭著　250元
4. 龍形實用氣功　　　　　　吳大才等著　220元
5. 魚戲增視強身氣功　　　　　宮　嬰著　220元
6. 嚴新氣功　　　　　　　　前新培金著　250元
7. 道家玄牝氣功　　　　　　　張　章著　200元
8. 仙家秘傳祛病功　　　　　　李遠國著　160元
9. 少林十大健身功　　　　　　秦慶豐著　180元
10. 中國自控氣功　　　　　　　張明武著　250元
11. 醫療防癌氣功　　　　　　　黃孝寬著　250元
12. 醫療強身氣功　　　　　　　黃孝寬著　250元
13. 醫療點穴氣功　　　　　　　黃孝寬著　250元

·社會人智囊· 電腦編號 24

·精選系列· 電腦編號 25

國家圖書館出版品預行編目資料

終身受用的學習秘訣／小宮山博仁著，李芳黛譯
－初版－臺北市，大展，民 89
　　面；21 公分－（親子系列；4）
　　譯自：社會にでて役立つ勉強法
　　ISBN 957-557-984-4（平裝）
　　1．親職教育　2．育兒
528.21　　　　　　　　　　　　　　89000997

SHAKAI NI DETE YAKUDATSU BENKYOUHOU
© KOMIYAMA HIROHITO 1998
Originally published in Japan in 1998 by Kabushikigaisha Asutoro Kyouiku Shistemu.
Chinese translation rights arranged through TOHAN CORPORATION, TOKYO and KEIO Cultural Enterprise CO., LTD

版權仲介：京王文化事業有限公司

終身受用的學習秘訣　　　ISBN 957-557-984-4

原 著 者／小宮山博仁
編 譯 者／李　芳　黛
發 行 人／蔡　森　明
出 版 者／大展出版社有限公司
社　　址／台北市北投區（石牌）致遠一路 2 段 12 巷 1 號
電　　話／(02) 28236031・28236033
傳　　真／(02) 28272069
郵政劃撥／01669551
登 記 證／局版臺業字第 2171 號
承 印 者／高星印刷品行
裝　　訂／日新裝訂所
排 版 者／千兵企業有限公司
初版1刷／2000 年（民 89 年）　2 月
初版發行／2000 年（民 89 年）　5 月

定　價／200 元

●本書若有破損、缺頁敬請寄回本社更換●

大展好書 ✕ 好書大展

大展
ユー万単